一歩進める 英語学習・研究ブックス

英語の意味を極める I

名詞・形容詞・副詞 編

友繁義典

開拓社

はしがき

　本書は，そのタイトルが示すように，さまざまな英語表現の「意味」について考察を行うものである。本書は，一通り高等学校までに英語を学習してきた大学生を意識して作成してはいるが，英語に興味を持っている一般読者も対象として想定している。

　本書の目的は，さまざまな英語表現とそれらの意味に関する観察を通して，英語の理解を深めることにある。また，英語の発信には基本的な文法や語法の知識が不可欠であると思われるが，本書はそのような情報を提供することも狙いとしている。

　言語は，形式（form）と意味（meaning）が表裏一体となっている。英語を理解するということは，統語的な面と意味的な面を同時に瞬間的に分析することができることを言う。それゆえ，本書は，英語の形式と意味を考察することに重点を置き，さまざまな類似表現の間に見られる違いを浮き彫りにしていくことによって，英語に関する知識を深めていくと同時に英語の発信力を補強することを目指すことになる。

　本書は，2つのパートから成る。まず第Ⅰ部の「名詞とその周辺をめぐって」では，冠詞と名詞，there 構文，数量詞と名詞などに関して，特に似通った表現の間に見られる意味上の相違点に関して観察していく。第Ⅱ部の「形容詞・副詞とその周辺をめぐって」では，類義語関係にある形容詞やその用法，形容詞を中心とする構文，また副詞に関する観察を行うが，特に類義語関係

にある語の間の微妙な意味上の違いやニュアンスの違いを中心に見ていくことになる。

　本書での説明や主張は，先行研究に負うところが種々あるが，できるだけ専門用語に触れないように平明に解説するようにした。時として，言語学において使用されている用語を使用している箇所もあるが，高等学校までに学ぶ英文法の用語をできるだけ使用している。本書に見られる例文は，参考文献から直接引用させていただいもの，コーパスの検索から得たもの，小説などから得たもの，あるいは筆者のアレンジによるものであるが，本書は，その性格上，学術書ではない理由で，例文の出典先は特に明記してはいないことをお断りしておく。

　なお，星印の＊が付されている例文は，非文法的，容認不可能，あるいは，文として不適格であることを意味していることを付記しておく。

　浅学非才であるため，内容が不十分であったり，不適切な記述が多々あるかもしれない。読者諸氏から不適切な点や間違いなどご指摘いただければ幸いである。

　本書を刊行することができたのは，ひとえに編集部の川田賢氏のご尽力のおかげである。氏には，原稿のチェックをはじめ本書製作の全工程において大変お世話になった。ここに記して，心より感謝申し上げる。最後に，いつも筆者を励まし支えてくれている妻和子にも感謝したい。

著　者

目　次

はしがき

第 I 部　名詞とその周辺をめぐって

第 1 章　不定冠詞と名詞 … 2
- ❶ a captain と captain の違い　*2*
- ❷ a dinner と dinner の違い　*4*
- ❸ an egg と egg の違い　*6*
- ❹ a silence と silence の違い　*8*
- ❺ a Mr. Smith と Mr. Smith の違い　*10*

第 2 章　定冠詞と名詞 … *13*
- ❶ the sun と sun の違い　*13*
- ❷ the piano と piano の違い　*14*
- ❸ at the sea と at sea の違い　*15*
- ❹ to the bed と to bed の違い　*16*
- ❺ those neighbors と the neighbors の違い　*17*
- ❻ that fence と the fence の違い　*18*

第 3 章　冠詞の選択による意味の違い … *20*
- ❶ a/the prison と prison の違い　*20*
- ❷ a last resort と the last resort の違い　*22*
- ❸ a means と the means の違い　*23*
- ❹ crumbs と the crumbs の違い　*24*

v

第4章　総称名詞句 …………………………………… 27
- ❶ a/the lion と lions の違い　*27*
- ❷ 総称的な you と we の違い　*29*

第5章　数量詞と名詞 …………………………………… 32
- ❶ a potato と some potato の違い　*32*
- ❷ some more cake と some more cakes の違い　*34*
- ❸ no idea と no ideas の違い　*35*
- ❹ a taxi と one taxi の違い　*36*
- ❺ some money と money の違い　*37*
- ❻ some sugar と sugar の違い　*39*
- ❼ 弱形と強形の some の違い　*39*
- ❽ 弱形の some の有無の違い　*41*
- ❾ Many/Most of the students の違い　*43*
- ❿ Most/Few of the students の違い　*44*
- ⓫ Each/Every student の違い　*45*
- ⓬ a few / few friends の違い　*47*
- ⓭ some/any questions の違い　*48*
- ⓮ any books/book の違い　*50*

第6章　**there 構文とその周辺** …………………………… 51
- ❶ there is someone / someone is ... の違い　*51*
- ❷ there is a book / the book の違い　*53*
- ❸ there 構文と SVC 型の文の違い　*55*
- ❹ there 構文と have 構文の違い　*57*
- ❺ 典型的な there 構文と特殊な there 構文の違い　*59*
- ❻ What 疑問文における there の有無の違い　*61*

第7章　「所有格＋名詞」型の名詞句について ………… 63
- ❶ Kate('s) and Meg's の違い　*63*

❷ his and her car と his car and hers の違い　　*64*
❸ his uncle's と his uncle's house の違い　　*65*
❹ Bill's play(ing) (of) the piano の違い　　*67*

第8章　語順の違いから生じる意味の違い ……………………… *69*

❶ his last great / great last novel の違い　　*69*
❷ the new white / white new car の違い　　*70*
❸ a pretty(,) intelligent girl の違い　　*71*
❹ a pink and (a) white flower の違い　　*72*
❺ a responsible man と a man responsible の違い　　*73*
❻ only/mere/just の違い　*75*
❼ a kind of と of a kind の違い　*77*

第9章　その他の名詞とその周辺 ………………………………… *79*

❶ across the table (from me) の違い　　*79*
❷ remembered (oneself) locking の違い　　*81*
❸ 関係節が主節にある場合と外置された場合の違い　　*82*
❹ 制限・非制限的用法の関係詞節の違い　　*84*
❺ 制限・非制限的用法の関係詞節を含む文の違い　　*86*
❻ 集合名詞の単数・複数扱いの違い　　*88*
❼ it と that の違い　　*89*
❽ 否定語 no と not の違い　　*94*

練習問題 ……………………………………………………………… *96*

第 II 部　形容詞・副詞とその周辺をめぐって

第10章　類義語関係にある形容詞に関して ………………… *100*

❶ able と capable の違い　　*100*

- ❷ afraid と frightened の違い　*102*
- ❸ best と greatest の違い　*104*
- ❹ big と large の違い　*106*
- ❺ curious と inquisitive の違い　*107*
- ❻ damp と humid の違い　*109*
- ❼ difficult と hard の違い　*111*
- ❽ eager と anxious の違い　*113*
- ❾ empty と vacant の違い　*115*
- ❿ expensive と costly の違い　*117*
- ⓫ famous と notorious の違い　*119*
- ⓬ fluent と eloquent の違い　*121*
- ⓭ frank と candid の違い　*122*
- ⓮ grateful と thankful の違い　*124*
- ⓯ great と big の違い　*126*
- ⓰ healthy と healthful の違い　*128*
- ⓱ ill と sick の違い　*130*
- ⓲ intelligent と intellectual の違い　*132*
- ⓳ interesting と funny の違い　*134*
- ⓴ jealous と envious の違い　*137*
- ㉑ little と small の違い　*139*
- ㉒ necessary と indispensable の違い　*141*
- ㉓ new と fresh の違い　*143*
- ㉔ polite と courteous の違い　*145*
- ㉕ proud と arrogant の違い　*147*
- ㉖ quiet と silent の違い　*149*
- ㉗ real と actual の違い　*151*
- ㉘ reluctant と unwilling の違い　*153*
- ㉙ rich と wealthy の違い　*155*
- ㉚ satisfied と content の違い　*158*
- ㉛ sensible と sensitive の違い　*159*
- ㉜ severe と strict の違い　*162*
- ㉝ slender と thin の違い　*164*
- ㉞ some と a certain の違い　*166*

㉟ strange と peculiar の違い　*168*
㊱ sudden と abrupt の違い　*170*
㊲ transient と transitory の違い　*172*
㊳ vague と ambiguous の違い　*174*
㊴ valuable と invaluable の違い　*176*
㊵ wide と broad の違い　*178*

第11章　形容詞を中心とする構文と用法 …………………… *181*
❶ to 不定詞の意味上の主語 for/of ～ の違い　*181*
❷ 形容詞の限定用法と叙述用法の違い　*186*

第12章　副詞とその周辺 ………………………………… *188*
❶ 文頭と文末の happily の違い　*188*
❷ slow と slowly の違い　*190*
❸ 文頭と文末の curiously の違い　*191*
❹ fairly と rather の違い　*193*
❺ perhaps と probably の違い　*195*
❻ as good as と almost の違い　*197*
❼ yet と still の違い　*199*
❽ already と yet の違い　*200*
❾ 文中と文末の carelessly の違い　*202*

練習問題 ……………………………………………………… *206*

参考文献　*209*
練習問題の解答例　*214*
索　引　*221*

第I部

名詞とその周辺をめぐって

　第I部では，名詞とその周辺を見ることを主眼とする。具体的には，冠詞と名詞，there 構文，またその他の名詞を修飾する形容詞や数量詞と名詞とが結びついている名詞句の意味など，さまざまな名詞に関係する表現について考えていくことにする。

　以下，名詞を考察の中心に据えて，似通った表現の間に見られる意味あるいはニュアンスの違いについて見ていくことにしよう。

第1章

不定冠詞と名詞

1　a captain と captain の違い

　まず、冠詞を伴う名詞と伴わない名詞との意味的な違いに関して、次の (1a) と (1b) を比較して考えてみることにしよう。

(1) a.　John will never make **a captain**.
　　b.　John will never make **captain**.

(1a) も (1b) も日本語に訳すと、「ジョンは決して船長（あるいは機長）になることはないだろう」となる。

　しかし、両者は微妙に意味が違う。(1a) の不定冠詞を伴っている a captain は、「船長、機長」の意味を持つことに加えて、「船長［機長］としてそれに備わっているある種の特性・属性を持つ人物」の意味がある。一方、(1b) の冠詞を伴わないはだか名詞の captain は、「職業としての船長、機長」に言及する。

　(1a) では、ジョンが船長［機長］の役職［地位］に就けるような素質を欠いていることが表明されている。

一方，(1b) では，ジョンは船長［機長］になる資格［免許］を持っていないことが述べられている。すると，この文の話し手は，ジョンが資格さえ取れば，彼の船長［機長］になれる可能性は排除されないと思っているということになろう。

(1a) の a captain は，もともと数詞の one であった a を伴っているので，個体（an individual entity）としての captain が表されている。

それに対して，(1b) の captain は，形容詞に近い感じの名詞である。たとえば，All of them—whether engineer, lawyer, doctor, or architect—were required to be licensed. といった例文では，whether 以下の名詞が冠詞を伴っておらず，形容詞的に使われている。一個人としての技師，弁護士，医者，あるいは建築家というのではなく，そのような類いの職業に就く人たちのことが述べられているということである。つまり，一個人としての職業人というのでなくあくまでも「属性」「特性」が述べられているのである。

要するに，名詞が形容詞化されている場合には，それは冠詞を伴わないはだか名詞の形で用いられることになる。Child as she is, she behaves like an adult.（彼女は子どもではあるが，大人のように振る舞う）のような文もこの類いの例ということになる。

また，役職や身分などを表す名詞が補語として用いられると，それははだか名詞の形をとる。このような場合，名詞は「個体」ではなく，「働き」を表していると解される。たとえば，All of them elected him governor of the state. (彼らの全員が彼を州の知事に選んだ) がそのような例である。

2　a dinner と dinner の違い

次に, a dinner と dinner の違いについて考えることにしよう。

(2) a.　Meg was invited to **a dinner** given to welcome the new employees.
　　b.　Meg was invited to **dinner** at their house.

(2a) は「メグは新入社員歓迎のために開かれた晩餐会に招待された」を意味する。一方, (2b) は「メグは彼らの家に夕食に招待された」を意味する。

(2a) のように, dinner に不定冠詞が伴う場合は, 何か特別なディナーを意味する。ここでは, 新入社員を歓迎するために用意されたディナーということになる。

それに対して, 冠詞を伴わない, はだか名詞の dinner は, 何らかの特別なディナーではなく, 通常のディナーを意味する。したがって, 「明日の朝食 [夕食] は 8 時です」は, Breakfast [Dinner] tomorrow will be at 8 o'clock. の英語が対応する (cf. The dinner they served me at the restaurant was delicious.)。

このことは, 他の食事名に関しても同じことが言える。し

がって，何がしかの特定の食事ではなく，単なる食事名に言及する場合は，breakfast, lunch, supper あるいは brunch なども冠詞を伴わないはだか名詞の形で用いられることになる。たとえば，「今朝は7時に朝食を食べた」と「今日昼食をメグと食べた」は，それぞれ I had [ate] breakfast at seven o'clock. と I had [ate] lunch with Meg. の英語が対応する。このように，食事というのは日常生活で欠かすことができないものだが，特定の食事に言及しない限り，常に食事に言及する名詞は冠詞を伴わない。

また，食事以外で日常生活に関係が深いと考えられる「曜日」「季節」「月」なども通例は冠詞を伴わない。これらの概念を表す名詞も特定の曜日，季節，あるいは月を表さない限り，通例，はだか名詞の形で用いられる。たとえば，

Today is Friday.（今日は金曜日です）

Spring has come.（春が来た）

She was born in March.（彼女は3月に生まれた）

などがその例である。もちろん，特定の季節や月などに言及する場合は，

We had a cold winter last year.（去年冬は寒かった）

They visited the British Museum in the March of 2016.
（彼らは2016年の3月に大英博物館をたずねた）

のように，不定冠詞や定冠詞が必要であることは言うまでもな

い。

3　an egg と egg の違い

　さらに，同じ名詞が不定冠詞を伴う場合と伴わない場合について見ることにしよう。

(3) a.　Jane has **an egg** in her hand.
　　b.　Jane has **egg** on her cheek.

(3a) は「ジェーンは手の中に玉子を1つ持っている」を意味するのに対して，(3b) は「ジェーンは頬に玉子（の食べかす）がついている」を意味する。

　不定冠詞 a は，元来 one に由来するので，不定冠詞には何かの entity（存在物）の「個体性」に言及する働きが残っていると考えられる。個体性が認められる状態とは，ある entity を1つの個体として明確に境界線を引くことができる場合ということになる。

　名詞に関して，有界性（boundedness）あるいは非有界性（unboundedness）という概念を用いて説明すると有効であるように思われる。たとえば，話し手が，ある entity を有界的に捉えている場合というのは，その entity に関して，どこが先端でどこが末端であるか，明確に述べることができるような場合であり，

その時，その個体には，有界性が備わっていると言うことができる。

たとえば，犬に関して，われわれはどこが頭で，どこが胴体でどこがしっぽであるか認識することができるわけだが，このように一匹の犬を他と区別される一個体として認識できる場合，その犬を有界的に捉えているということになる。つまり，そのような場合，われわれは犬を一個体として他の存在物と明確に区別して認識しているわけである。

他方，ある entity 関して，どこが先端であるか，またどこまでが末端であるか，判然としない場合，すなわち，その entity を認識することができるような線引きが不可能な場合，それは非有界的な存在として認識される。このように，何がしかの entity を有界的に捉え，個体として認識できる場合，不定冠詞 a が用いられ，その一方，何がしかの entity が非有界的に捉えられている場合，冠詞は用いられないということになる。

そうすると，(3a) と (3b) の違いに関する説明は，次のペアの文の違いに関しても同様に当てはまることが予想できるだろう。

(4) a. The little boy had **a banana** this morning.
　　b. The little boy had **banana** around his mouth.

(4c) は，「今朝その幼い男の子はバナナを（1 本）食べた」を意味する。それに対して，(4d) では，原形をとどめていないぐ

ちゃぐちゃになったバナナの実が幼い男の子の口のまわりについていたことが表現されていることになる。

4 a silence と silence の違い

次に抽象名詞の silence の場合について見ることにしよう。

(5) a.　There was **a silence**.
　　b.　There was **silence**.

(5a) と (5b) の違いは，(5a) には不定冠詞 a を伴っている a silence が，そして (5b) には冠詞を伴わない silence が現れている点のみだが，両者には微妙な違いが認められる。

(5a) の a silence には不定冠詞の a の存在により，「ひとしきりの長さ」が感じられる。つまり，この a には "a period of" の意味があるということである。つまり，(5a) から沈黙あるいは静寂の状態が「継続」する意味が感じ取れるということである。(5a) の類例として，Again there was *a silence*, *a long silence*. (また沈黙，長い沈黙が続いた) を挙げておく。

一方，(5b) は，「静かであった」という状態を表す。たとえば，There was *silence* in the room. は「その部屋は静かだった」を意味しており，The room was *silent*. とほぼ同じ意味になる。

また，be 動詞を伴う there 構文は，何がしの entity の「存在」

を示す機能を持っていることはよく知られているが，実際には，この構文は，何がしかのentityの「発生」「出現」を表すことも少なくはない。たとえば，Suddenly *there was* the sound of a car passing along the driveway underneath the window. は「突然，窓の下の車道を車が通る音がした」を意味し，there was the sound of a carの部分は，車の音が発生したことを示している。

また，*There was* pandemonium in the rear of the court as reporters pushed forward to reach the counsel table. (報道者たちが弁護人の席に着くためにしゃにむに突き進んだ時に裁判所の後部で大混乱が起こった) でも，be動詞は，「存在」ではなく，「発生」「出現」を表しているものと考えられる。このように，be動詞を伴うthere構文は，「存在」だけではなく，「発生」「出現」を表すこともあることに注意するべきであろう。

それでは，次のペアの文についてはどうであろうか。

(6) a. There was **a depth** in her voice.
    b. There was **depth** in her voice.

不定冠詞を伴っているa depthを含む (6a) は，「彼女の声には多少深みがあった」を意味する。それに対して，冠詞を伴わないはだかのdepthが現れている (6b) は，単に「彼女の声には深みがあった」を意味する。

このように，「不定冠詞a＋抽象名詞」型の名詞句におけるaには，someあるいはa certain degree ofのような意味合いがあ

るということになる。

すると，次のペアの文の違いはもはや自明であろう。

(7) a. There was **a warmth** in what she said.
    b. There was **warmth** in what she said.

5　a Mr. Smith と Mr. Smith の違い

この章の最後に，次のペアの文に見られる a Mr. Smith と Mr. Smith の違いを確認しておくことにしよう。

(8) a. I'm having lunch with **a Mr. Smith** today.
    b. I'm having lunch with **Mr. Smith** today.

Mr. Smith に不定冠詞が伴っているかいないかという点のみが，(8a) と (8b) の違いである。

(8a) は，「今日スミスさんという人と昼食を食べることになっている」を意味する。これは，話し手が，聞き手にとって Mr. Smith の存在が未知であることを前提とした表現である。つまり，話し手は，Mr. Smith のことを聞き手が知らないと思っている発話が (8a) である。

(8b) については，Mr. Smith は，言うまでもなく，話し手は，Mr. Smith の存在が聞き手にとって既知であることを前提として

いる。

　(8a) に見られるような「a + 固有名詞」は，"a certain person named ～"（～という名前の～）の意味合いがある。(8a) では話し手は，Mr. Smith のことを当然知っているわけだが，場合によっては，話し手自身が知らない人物のことについて言う場合も可能性としてある。たとえば，There is a Miss Green to see you. は「グリーンさんという方がお見えになっています」を意味するが，これは話し手が Miss Green のことを知らない場合の表現である。このように，「a + 固有名詞」は，話し手がその存在を知っている場合と知らない場合の両方をカバーするわけであり，文脈でいずれかの場合が決定されることになる。

　また，この「a + 固有名詞」のパターンにおける固有名詞が有名人の X である場合は，'a person like X' あるいは，'another X' と等しい意味で用いられることがあることにも注意する必要がある。

　次の (9a) や (9b) がその例である。

(9) a. I believe he'll be **an Edison** in the future.
　　（彼は将来エジソンのような人になると思います）
　b. She seems to think she is **a Marilyn Monroe**.
　　（彼女は自分のことをマリリンモンローのようだと思っているみたいだ）

このように，(9a) の an Edison は，an inventor like Edison に

等しく，(9b) の a Marilyn Monroe に対しては，an actress like Marilyn Monroe という解釈がなされるが，「a + 固有名詞」は，作品や製品を表すこともある。

　たとえば，The rich man possesses **a Picasso**. (その金持ちはピカソの作品を所有している) あるいは I bought **a Toyota**. (私はトヨタの車を買った) がそのような例である。

第2章

定冠詞と名詞

本章では,「定冠詞＋名詞」型と「ゼロ冠詞＋名詞」型に関して見ることにしよう。

1 the sun と sun の違い

次のペアの文の違いについて考えてみることにしよう。

(1) a. The earth revolves around **the sun**.
b. Our house faces south and gets plenty of **sun**.

(1a) は,「地球は太陽の周りを回る」を意味し, (1b) は,「わが家は南向きで日当りがいいです」を意味する。

太陽は唯一的存在であり, そのような存在に言及する場合, 定冠詞が伴う the sun が定番の形であることはよく知られている。

他方, (1b) における sun は,「太陽の光」「日光」の意味を表す。このはだか名詞の sun は, たとえば, 他の質量名詞である water と同じ範疇に入る。太陽の光線は,「水」と同様, 1つ, 2

13

つと数えることはできないので，非有界的な名詞ということになり，それゆえに冠詞を伴わないということになる。

　要するに，冠詞を伴わないはだか名詞というのは「個体性」が失われてしまっている状態を表すというふうに考えればよいということになろう。

2　the piano と piano の違い

　次に，名詞 piano について考えてみることにしよう。

(2) a.　Bill earns his living by playing **the piano**.
　　b.　There's too much **piano** and too little **orchestra** in Grieg's concert.

(2a) は「ビルはピアノを演奏して生計を立てている」を意味するが，(2b) は「グリーグのコンサートではピアノの音が多すぎ，オーケストラの音が少な過ぎる」を意味する。

　個体としての piano, つまり楽器としての piano や，orchestra がまとまりを持つ楽団の意味では，冠詞を伴うが，(2b) における piano と orchestra は，それらによって作り出される音楽であり，話し手は，その多寡に関心があることが表明されている。

　では，次のペアの文の違いについてはどうであろうか。

(3) a. Please sign this paper with **the pencil**.
  b. Please sign this paper in **pencil**.

両文は，ほぼ同じ意味を表すが，厳密には，(3a) の the pencil は，形を持った筆記用具の鉛筆を意味し，一方，(3b) の pencil は，鉛筆の芯，つまり黒鉛を意味する。

3 at the sea と at sea の違い

さらに，次のペアの文の違いについて見ることにしよう。

(4) a. Tom and Judy are **at the sea**.
  b. Tom and Judy are **at sea**.

sea に the が伴っているかいないかという点のみが (4a) と (4b) の違いである。

(4a) は Tom and Judy are at the seaside. と等価の意味を持つ。つまり，この文は「トムとジュディーは海辺［海岸］にいる」ことを言い表す。

一方，(4b) では「トムとジュディーが航海中である」ことが述べられている。冠詞を伴わない at sea は，「航海中」「船に乗っている状態」を意味するわけである。(4b) は，「船員としてトムとジュディーが航海している」ことを意味するが，必ずしも常

にそのような意味を表すのではなく，単に「トムとジュディーが船に乗っている」状況もカバーすることもあるので，場面や文脈がいずれの意味を表す鍵になる。

4　to the bed と to bed の違い

では，次の (5a) と (5b) についてはどうであろうか。

(5) a.　Sam went **to the bed**.
　　b.　Sam went **to bed**.

(5a) は，「サムが単に場所として bed のあるところに行った」ことを表している。つまり，Sam walked over to the bed. と言っていることとほぼ同じということになる。

それに対して，(5b) は「サムは寝た」を意味する。実際，go to bed という表現は馴染みがある表現であると思われるが，場所を表す名詞が冠詞を伴わないはだか名詞の形で用いられると，その場所における「活動」(activity) が含意される。通常，ベッドに行くという行為は何のためにかというと，眠る (sleep) ためであるということに当然なるわけである。

他の類似表現には，go to college, go to market, go to prison, go to sea, go to hospital, go to university などがあるが，これらの表現の場所を表すそれぞれの名詞に冠詞が伴うと単に「場

所」表現となることは言うまでもないであろう。次の第3章1節で見るが，たとえば，He went to prison. と He went to the prison. とでは意味が全く違うことは容易に予想がつくところであろう。

5 those neighbors と the neighbors の違い

さて，今度は指示詞を伴う名詞句と定冠詞を伴う名詞句に関して，見ていくことにしよう。

次の (6a) では those neighbors が，そして，(6b) では the neighbors が主語となっているが，両文の間にはどのような違いが存在するのであろうか。

(6) a. **Those neighbors** have been circulating petitions.
  b. **The neighbors** have been circulating petitions.

(6a) と (6b) の違いは，一点 those neighbors と the neighbors の違いということになる。

まず (6a) についてあるが，(6a) が適切に用いられるためには，話し手と聞き手の間で共通する知識がなくてはならない。those neighbors のように those が用いられている場合というのは，たとえば，話し手が以前に neighbors について聞き手に苦情を述べていたことがある，というように，すでに neighbors のこ

とが以前に話し手が聞き手に話題として話していたことがあったということが前提となっている。

一方，(6b) に関しては，話し手が聞き手に対して neighbors に関する話を (6b) を発する前にしている必要はない。つまり，定冠詞を伴う the neighbors という名詞句表現を話し手がいきなり聞き手に対して使っても問題はないということである。いきなり話し手から the neighbors という表現を聞いても，聞き手は一般常識的な知識に基づいてその存在を推論するのである。

すなわち，話し手が自分の住んでいる場所に関して話をしているという文脈がある場合，話し手の住んでいる場所には，通例は近所の住人たちもその周りに存在しているだろうと聞き手が推論するということが自然に起きるということである。このように (6a) の those neighbors と (6b) の the neighbors は，微妙に使われ方が違うのである。

6 that fence と the fence の違い

この章の最後に，指示詞 that を伴う名詞句と定冠詞を伴う名詞句の違いについて見ることにしよう。

(7) a. **That fence** fell down yesterday.
　　b. **The fence** fell down yesterday.

(7a) は，話し手と聞き手が以前に話題にしていた特定のフェンスについて述べている文である。

一方，(7b) では the fence が主語として用いられているが，もし話し手が自分の家のことについて話している場合には，(7b) を聞き手にいきなり発することができる。なぜなら，聞き手は，たいてい家の周りにフェンスがあるということを教養として知っているからであり，それゆえに，定冠詞を伴う the fence は問題なく用いられるわけである。

このように，現実世界に関する一般常識的な知識に基づいて，定冠詞が用いられることがあるのが分かる。

第3章

冠詞の選択による意味の違い

　同じ名詞が定冠詞を伴う場合と不定冠詞を伴う場合，あるいはゼロ冠詞を伴う場合では，その使われ方に違いが認められる。本章では，同じ名詞が定あるいは不定の冠詞またはゼロ冠詞と共起する場合，どのような意味の違いが生じるのか少し見ておくことにしよう。

1　a/the prison と prison の違い

　次の (1) を見てみよう。

(1) a.　Jeff is in **a prison**.
　　b.　Jeff is in **the prison**.
　　c.　Jeff is in **prison**.

(1a) は，「ジェフはとある刑務所にいる」を意味するが，これは聞き手にジェフのいる刑務所をわざと明示していないか，あるいは，話し手自身が，ジェフがどこかの刑務所にいることは知っ

ていてもどの刑務所にいるのか知らないことを述べている文である。（1a）の a prison から分かることは，ジェフは何かの用事で（たとえば，刑務所に入っている人の面会のために）どこかの刑務所にいる，ということである。

（1b）は，話し手と聞き手の両方が共通して認識している特定の刑務所にジェフがいることを述べている。この文も（1a）と同様，ジェフは何かの目的でその特定の刑務所にいることが示されている。

最後の文（1c）に関しては，（1a）と（1b）と大きく違う。それは，（1c）は，ジェフ自身が刑務所で刑に服している状態を表しているからである。刑務所やその他の施設，たとえば，会社（work），裁判所（court），教会などがゼロ冠詞を伴うと，つまり，それらの施設を表す単語がはだか名詞として用いられると，建物そのものが述べられているというよりもむしろそれらの施設においてなされる「活動」（activity）が含意される。

このほか，be in school や go to school のフレーズにおいても，school がはだかで用いられているので，school にまつわる活動，すなわち，授業を受けるあるいはクラブ活動を行うというように，何がしかの「活動」が含意されているということである。したがって，She is in school. と She is in the school. の意味の違いももはや明らかであろう。ただし，She is in school. に関しては，アメリカ英語では，「彼女は在学中である」を意味し，イギリス英語では，「彼女は（家ではなく）学校にいる」ことを

意味するという違いはあるが，いずれの表現も学校における「活動」が含意されている点は共通している。She is in the school. に関しては，英米ともに「彼女が実際に建物の中にいる」ことを意味する。

また，次の (2a-c) に見られるように town を用いた表現に関して，話し手と聞き手が同じ町の中にいることを含意するのは，town がはだかで用いられている (2a) である。それに対して，話し手と聞き手がいる町がそれぞれ別の場合には，(2b) (2c) のように冠詞が伴うわけである。

(2) a. I just heard that Nick is in **town**.
  b. I just heard that Nick is in **a town**.
  c. I just heard that Nick is in **the town**.

2　a last resort と the last resort の違い

次に，a last resort と the last resort の違いについて見てみることにしよう。

(3) a. As **a last resort**, I will take legal action.
  b. In **the last resort**, I will take legal action.

(3a) と (3b) のいずれも「最後の手段として，私は訴訟を起こ

すことにする」を意味するが、両者にはニュアンスの違いがある。

（3a）の as a last resort のように不定冠詞の a が用いられている場合、気持ちとして「これ以外にも手段は存在するのだけれど」といった余裕が感じられる。

それに対して、（3b）の in the last resort のように定冠詞の the が用いられている場合、「もうこれ以外に手を打つ手段はない」という感じが伝わってくる。したがって、ほかには手を打つ術が見つからないという切迫感が伝わってくるのが（3b）ということになる。

「不定冠詞 a ＋単数名詞」型は、ある集合体の中の1つの個体に言及する。そのためその個体以外に複数の個体の存在を想定することができる。したがって、a last resort に関しては、resort が複数存在することが推論できるわけである。

一方、定冠詞は、ある entity の唯一性に言及するが、（3b）の the last resort がその場合にあてはまる。つまり、上で述べたように、the last resort は、これ以外にはほかに手段はないという、切羽詰まった感じを伝えることになる。

3　a means と the means の違い

では、次のペアの文に関してはどうであろうか。

(4) a. For me a car is **a means** of transportation.

b. For me this car is **the means** of transportation.

不定冠詞が用いられている (4a) からは, 交通手段として自動車は複数の可能性の中の1つであると話し手は考えていることが分かる。したがって, 自動車以外にも交通手段としてバスやその他の可能性があることが暗示されているのが (4a) ということになる。よって, (4a) は「私にとって自動車は交通の一手段です」を意味する。

他方, 定冠詞が用いられている (4b) では, 話し手は自動車以外の交通手段はないと考えていることがうかがえる。ゆえに, (4b) は「私にとってこの自動車は (唯一の) 交通手段です」を意味することになる。

4 crumbs と the crumbs の違い

次に,「ゼロ冠詞＋はだか複数名詞」と「定冠詞＋複数名詞」の違いについて考えることにしよう。

(5) a. Little Johnny ate his first cookie today: **crumbs** were everywhere.
(幼いジョニーが今日初めてクッキーを食べた。くずがあちこちにあった)

b. Little Johnny ate his first cookie today: **the crumbs** were everywhere.

（幼いジョニーが今日初めてクッキーを食べた。そのくずがあちこちにあった）

（5a）と（5b）の違いは，前者には，冠詞を伴わない crumbs が見られ，後者には定冠詞 the を伴う the crumbles が見られるというこの一点だけである。冠詞が 1 つあるかないかで意味が微妙に違ってくることはすでに見たが，ここでも同様に（5a）と（5b）とでは意味が微妙に違うわけである。

アメリカの哲学者 John Searle が 4 つの「会話」の原則について述べているが，その中の 1 つに「関係のあることを述べよ」（be relevant）というのがある。ごく常識的な話ではあるが，話し相手と会話をする場合，相手の話した内容と自分の話す内容が「関連性」のあるものでなければ会話は成立しない。

たとえば，「今日はいい天気ですね。」と相手に言われて，「そうですね。今日はピクニック日よりですね。」という発話は自然な会話の流れを感じさせるが，「今日はいい天気ですね。」という相手の発話に対して，「東京駅はどこですか？」と相手に返すと，これら 2 つの発話の間には全く関連性が認められず，まともな会話が成立しているとは感じられない。つまり，相手の話した内容に関連する内容を返すことによって自然な会話が成立するという，言われてみれば当たり前の原則を守りながら，われわれ

は日常生活において言語活動を行っているわけである。

　さて，この会話の原則に基づいて，(5a) と (5b) の違いについて考えてみることにしよう。

　「関連のあることを述べよ」という会話の原則によって，(5a) の crumbs は先行する文に見られる cookie から出たものであると推測することができる。しかし，この場合，crumbs は，クッキー以外のものから出た crumbs が混じっているという解釈が成立する。

　しかしながら，(5b) に見られる定冠詞付きの the crumbs が言及するものは，先行する文中の cookie と結びついた，唯一的で個別化された crumbs である。つまり，the crumbs は先行する文中の cookie から出たものであり，その cookie 以外からの可能性は閉め出されているということである。定冠詞が示す「包括性」の一面を知らしめる例が (5b) ということになる。

第4章

総称名詞句

「定冠詞+単数名詞」「不定冠詞+単数名詞」「はだか複数名詞」の3つの型が総称名詞句として機能することがあるが，3つの型が存在するということはそれぞれにその存在理由があり相補分布していると考えられる。

1　a/the lion と lions の違い

次の例について考えてみることにしよう。

(1) a. **A lion** is a ferocious beast.

　　b. **The lion** is a ferocious beast.

　　c. **Lions** are ferocious beasts.

いずれの文も「ライオンは恐ろしい猛獣である」を意味する総称文あるが，それぞれに特徴がある。そして，そのことがこれら3通りの表現が存在している理由である。

(1a) の a lion は，「a+単数名詞」型に属するが，この「a+

27

単数名詞」型の総称名詞句が選択される場合というのは，話し手が，この型の名詞句を含む総称文を用いて，ある個体の特性に言及し，後は聞き手にその種に属する他のすべての成員も同じ特性を共通に持っていることを想定させるというものである。

また，(1b) の the lion は，「the + 単数名詞」型に属するが，この型が選択される場合というのは，話し手が，ある種に言及する際，個々の成員の存在を背景化させ，その種を統一体として前景化する場合である。そして，話し手が，ある entity をそれが属する種のプロトタイプ，つまり，典型的な成員として捉えている場合に，「the + 単数名詞」型の名詞句を選ぶ。

(1b) に見られる「the + 単数名詞」型がなぜ用いられるのかと言うと，それは，このプロトタイプを表す「the + 単数名詞」型は，問題となっている名詞の上位語を意識しながら，その上位語のカテゴリーに存在する種と種の対比・対照を示すのに用いられるからである。具体的には，lion の上位語として考えられるのは，animals であり，animals の下位範疇に属する種には，ライオン以外に，虎，キリン，象，カバ，シマウマなどさまざまな種類の動物が存在する。(1b) の話し手は，たとえば，ライオンと性質のおとなしい牛を対比的に捉え，両者の違いを頭に浮かべながら，ライオンの獰猛な特性を述べていることになる。また，「定冠詞 + 単数名詞」型が用いられることによって，この型の名詞の特徴が，抽象的，形式的であることが述べられる。

(1c) の lions のように，いずれの冠詞も伴わないはだか複数

名詞型の名詞句に関しては，話し手は，ある種に言及する際，その種に属する個々の成員に明確な区分をすることなく漠然とそれらをひっくるめて表現する場合に，この型の名詞句を用いる。スピーチレベルでは，この型が最も口語的な表現とされる。

以上のように，同じ総称的な文であっても，(1a-c) の3つのパターンがあることを確認したが，それぞれがそれぞれの役割を持っており，それぞれが異なった役割を果たしていることが確認できる。

2　総称的な you と we の違い

次に，代名詞の you や we が総称的に用いられることがあるが，you と we の違いについて見ることにしよう。

(2) a. **You** should love your parents.
　　b. **We** should love our parents.

総称的な you と we は，基本的には同じ意味を表すとしてよいように思われるが，それらの間には微妙なニュアンスの差があると言われている。

両者の違いについてだが，(2b) のように，総称的な we が用いられている場合，謙虚さが含意され，物腰の柔らかい表現であるとされる。

一方，(2a) のように，総称的な you が用いられると，対決姿勢が出て，教訓的な物の言い方になりやすいとされている。(2a) で用いられている you と同類の you は，

You can't teach an old dog.
（老犬に新しい芸当を教えることはできない）
You can't fight City Hall.
（御上には勝てない）
You cannot eat your cake and have it too.
（2つよいことはない）

のようなことわざに見られる。

結論的には，総称的な we と you の違いとして指摘できる点は，総称的な we が使われると，話し手自身も自分が帰属する共同社会の一員であるという含意が感じられるが，総称的な you の場合は，話し手だけではなく聞き手も含意しない場合が多い点である。その点では，総称的な you は，総称的な they に近いとしてよいであろう。たとえば，

They speak English in New Zealand.
（ニュージーランドでは英語を話す）
They say tax-rates will be lowered.
（税率が下がるという話だ）

がそのような例に相当する。

これまで見たことを踏まえて，次のペアの文の違いを考えてみよう。

(3) a. **You** must not betray your friends.
    b. **We** must not betray our friends.

(3a) と (3b) に関しても，(2a) と (2b) に関する説明をそのまま当てはめることができるであろう。いずれの文も「自分の友人たちを裏切ってはならない」ことを述べているが，(3a) は，聞き手に対して述べているというよりも一般論を述べている文であるとする解釈が通例であり，(3b) の we は，話し手も含めた一般の人々を指していることになる。

第5章

数量詞と名詞

数量詞には，all, both, every, each, many, few, some, any, several, most, no, little などがあるが，この章では，「数量詞＋名詞」表現について見ていくことにする。

1　a potato と some potato の違い

次の (1) を見てみよう。

(1) a.　Could I have **a potato**?
　　b.　Could I have **some potato**?

すでに見たように，不定冠詞の a は個体性をそれに続く名詞に与えるので，(1a) の a potato は「一個のジャガイモ」を意味する。

一方，(1b) では，some potato という「some ＋単数形の potato」形が用いられている。この形が用いられている場合，話し手は potato を質量名詞 (mass noun) として扱っていることに

なる。つまり，この場合 potato は非有界的に捉えられている。したがって，some potato には個体性がなく，原形をとどめていない potato を指しているということになる。この場合，すりつぶされた（mashed）状態の potato に言及されていると考えるのが妥当である。

すると，(1a) は単に「ジャガイモを1ついただけませんか」と述べている文だが，(1b) は，「mashed potato（マッシュポテト）をいただけませんか」と述べている文で，どこかで食事をしている時の文であることが推測できる文ということになる。もちろん，some potatoes のように，potato が複数形の場合は，「いくつかのジャガイモ」を意味することになるから，Could I have some potatoes? は，当然のことながら，「ジャガイモをいくつかいただけませんか」を意味する。

次に，類例を見ることにしよう。

(2) a. I'd like **a pumpkin**.
  b. I'd like **some pumpkin**.

(2a) と (2b) の違いも上の (1a) と (1b) の違いと平行的である。つまり，(2a) の a pumpkin は個体性を保っている「一個のカボチャ」であるが，(2b) の some pumpkin はその原形をとどめてはおらず，すりつぶされた状態のカボチャを意味するということになる。

ある entity に関して，その有界性が認められる場合は，それ

は可算名詞扱いされ，その有界性が認められない場合，それは質量名詞扱いされるということが，ここでもあてはまるわけである。

2　some more cake と some more cakes の違い

次に，同じ数量詞が単数形の名詞を修飾する場合と複数形の名詞を修飾する場合について考えてみることにしよう。

(3) a. Have **some more cake**, please.
　　b. Have **some more cakes**, please.

(3a) と (3b) の違いは，cake が単数か複数かということに尽きるが，両者にはもちろん違いがある。

(3a) は，たとえば，結婚式の披露宴で出てくるような大きなケーキがあり，それを切り分けて食べるような状況下で用いられる。

一方，(3b) は，すでに一定の大きさに切られているショートケーキが並べられているような状況下で用いられる。ここでも言えることであるが，単数形の cake は，非有界的な存在として捉えられているということである。それに対して，複数形である cakes は，個体性を持ったケーキが複数個存在している様子を表している。よって，cake の複数名詞は有界的な存在として捉え

られており，可算名詞の集合体として扱われることになるわけである。

3 no idea と no ideas の違い

では，次のペアの文に関してはどうであろうか。

(4) a. I have **no idea**.
  b. I have **no ideas**.

(4a) と (4b) の相違点は，前者は単数の idea が用いられており，後者は複数の ideas が用いられているところだけである。

(4a) は，「分からない」「とんと見当がつかない」を意味し，I don't know. とほぼ同義であるが，I have no idea. のほうが I don't know. に比べると，否定の意味が強いとされている。

一方，(4b) は，「(いろいろな) 考えが浮かばない」ことを意味する。たとえば，ある会社員が，ある何らかの仕事の分野で新たな企画を出すように命ぜられている場面で，なかなかいい考えが浮かばず悩んでいるような様子を想像するとよいかもしれない。このような状況下では，I would like to make plans for the new project, but I have no ideas. (私は新しいプロジェクトの計画を立てたいと思っているのですが，アイデアが浮かばないのです) のように no ideas が用いられている表現が適切であろう。

4　a taxi と one taxi の違い

今度は，次の a taxi と one taxi の違いについて見ておくことにしよう。

(5) a. Let's take **a taxi** to the airport.
    b. Let's take **one taxi** to the airport.

(5a) は，たとえば，バスではなくてタクシーでという感じで用いられている。また，別の可能性として (5a) は，電車や地下鉄ではなくてタクシーでということを述べたい時に使われる。つまり，どのような交通手段を選択して利用するのか決めなければならない状況下で，複数の交通手段の中から1つの交通手段としてタクシーが選択される場合，(5a) に見られるように a taxi の形が用いられる。つまり，どのような交通手段を利用するかという「類」を a が表現しているというわけである。

それに対して，(5b) は，「数」が問題になっている文であり，この文は，たとえば，「2台ではなくて1台の車で空港まで行くこと」を提案している文である。

さらに，次のペアの文の違いについて考えてみよう。

(6) a. I need to read **a book** about economics.
    b. I need to read **one book** about economics.

(6a) も (6b) も「経済学の本を読む必要がある」ことを言い表しているが，(6a) は，経済学に関する本が複数存在し，その中の任意の一冊あるいは特定の一冊のいずれかを示している。この文に関しても，上の (5a) の場合と同様に，複数の経済学の本の中からどの一冊の本を選んで読むのかという「類」を a が表現している。

それに対して，(6b) は，上の (5b) の場合と同様に，「数」を問題にしている文であり，たとえば，2 冊あるいは 3 冊を読む必要はなく 1 冊読む必要があることを述べているわけである。

ちなみに，次のような例では，a ではなく one が使われ，「1人」であることが強調される。There was only one girl in the room. とは言えるが，*There was only a girl in the room. と言うことはできない。

5　some money と money の違い

では，次の some money と money の違いについて見ることにしよう。

(7) a.　There was **some money** in the jar.
　　b.　There was **money** in the jar.

(7a) と (7b) の違いは some money と money の違いだけだが，

(7a) の some money は，特定のお金のことを述べている表現であり，他方 (7b) の money は，総称的な (generic) 意味を帯びているとされる。

　some money と money は，形式が違うからそれぞれの意味が違うことが次の各例文で確認することができる。

(8) a. I put **some money** on the favorite in the fourth race.
　　b. ?I put **money** on the favorite in the fourth race.
　　c. **Money** makes the world go around.
　　d. ?**Some money** makes the world go around.

(8a) は「第4レースでひいきの馬に幾らかのお金を賭けた」ことを述べているが，この文では，「特定のお金」を表す some money は自然だが，(8b) のように money だけがはだかで用いられると容認度が下がる。なぜなら，(8b) は過去の一度きりの出来事を述べているのであり，一般論を述べているわけではないからである。

　また，(8c) は，「お金は世の中を動かす」すなわち一般論である「万事金次第の世の中だ」を意味するが，総称的な money が主語になっている (8c) は，自然な文として見なされる一方，(8d) のように some money を主語としている文は容認度が下がる。なぜなら，特定のお金を表す some money が主語となっているので，(8d) を一般論として解釈することに無理があるか

6　some sugar と sugar の違い

次の (9a) と (9b) についてはどうであろうか。

(9) a.　There was **some sugar** on the floor.
　b.　There was **sugar** on the floor.

このペアの文の違いは微妙であり，いずれも床の上に砂糖が落ちていた様子を表すが，some sugar が現れている (9a) は，「砂糖が固まっていた」という印象を与え，一方，sugar のみが現れている (9b) は，「砂糖が散らばっていた」という印象を与えるとされる。

7　弱形と強形の some の違い

次のペアの文においても some が用いられているが，どのような違いがあるのであろうか。

(10) a.　**Sm students** stayed in the classroom.
　b.　**SOME students** stayed in the classroom.

数量詞 some には弱形の sm と強形の SOME が認められる。some が弱く発音される場合に弱形扱いとなり，一方，強く発音される場合に強形扱いとなる。これは文字の上では表現しにくいので，弱形の some を sm と表記し，強形の some を SOME と表記して示すこととする。

それでは，弱形の some についてであるが，これは意味的には，多いことも少ないこともない数を表す。つまり，通例は，sm に相当する some は，'a number of' や 'an amount of' に相当することになる。したがって，弱形の sm は，「いくつかの」「ある一定の量の」ほどの意味を表す。

他方，強形の SOME は，意味的には，some (but not others) に相当し，(10b) に関して言うと，some of the students stayed in the classroom. (その学生たちの中の幾人かは教室に留まっていた) と意味的に同じということになる。

それでは，many の場合についてはどうであるか次のペアの文で考えてみよう。

(11) a. **Mny teachers** came to the conference.
    b. **MANY teachers** came to the conference.

数量詞 many に関しても，some と同様，弱形の mny と強形の MANY がある。some の場合と同様，many が弱く発音される場合，それは mny と表記され，強く発音される場合，それは，MANY と表記される。

(11a) に見られる弱形の mny は，'a great number of'（たくさんの，大勢の）を意味する。したがって，(11a) は，漠然と「多くの教師たちがその会議にやって来た」ことを述べている。

それに対して，(11b) に見られる強形の MANY は，意味的に many of the teachers と同じであるので，ある教師の集合体が存在しており，その特定の集合体の中から大勢の教師たちが会議に出席したことが (11b) で述べられていることになる。

8　弱形の some の有無の違い

同じ some でも弱形と強形があることを上で見たが，次の (12a) の sm は some の弱形の例である。この some の弱形とそれのないはだか名詞句とではどのように違っているのか次の例を見て確認することにしよう。

(12) a.　Kate wants to see **sm able lawyers**.
　　 b.　Kate wants to see **able lawyers**.

(12a) の sm able lawyers に関しては，transparent reading（透明読み）と opaque reading（不透明読み）の両方の読みが許される。

透明読みは特定的な解釈（specific interpretation）に対応し，不透明読みは不特定な解釈（unspecific interpretation）に対応

する。(12a) に見られるように，some の弱形である sm を含む sm able lawyers に対しては，特定的な解釈と非特定的な解釈のいずれも可能である。したがって，(12a) に対する解釈の1つは，ケイトが特定の有能な弁護士たちを心に浮かべている解釈で，もう1つは，ケイトがまだ会ったことのない何名かの有能な弁護士に会うことをこれから実現したいと思っているとする解釈である。

それに対して，(12b) のようにはだか複数名詞である able lawyers が現れている文では，不透明な読み，すなわち，非特定的な解釈のみが許される。したがって，(12b) が発話されている時点では，ケイトの頭の中にはまだ特定の有能な弁護士の存在はないということになる。このように，「sm + 複数名詞」と「はだか複数名詞」には解釈上の違いが存在する。

このことを踏まえ，次のペアの文について考えてみよう。

(13) a. Fred wished to consult **sm middle-aged doctors**.
　　 b. Fred wishes to consult **middle-aged doctors**.

(13a) と (13b) の違いも，(12a) と (12b) の違いと平行的である。

(13a) の sm middle-aged doctors に対しては，特定的な解釈と非特定的な解釈のいずれも可能である。したがって，(13a) はあいまい文であり，フレッドが特定の中年の医者を思い浮かべている場合とそうでない場合のいずれの解釈も許されるというこ

とになる。

それに対して、(13b) は、上の (12b) と同様に、middle-aged doctors に対して非特定的な解釈のみが適用される。

9 Many/Most of the students の違い

今度は、many と most を含む名詞句に関して見ることにしよう。

(14) a. **Many of the students** passed the exam.
b. **Most of the students** passed the exam.

most を含む (14b) では、全体の中で占める比率が問題となっていて、その比率が過半数［大部分］であると客観的に述べられている。それに対して、(14a) では、どれだけの比率なら many と言い得るかについては、話し手の主観的な見方も交えて文脈によって異なり得る。以上の点で、(14a) と (14b) は違う。

たとえば、ある先生が、難しい試験を 100 人の学生に課したとして、30 人程度の学生が合格すればよいところであると考えていたとしよう。しかし、その先生の予想に反して、たとえば、45 人の学生がその試験に合格したとすれば、(14a) と言い得るということになる。

一方、すでに述べたように、most はもっぱら比率を客観的に

述べる場合に用いられるから，(14b) は，たとえば，単に 95 人の学生が試験に合格した事実をそのまま述べていることになる。このように，many は，暗黙にではあるにせよ比率の感覚はかなり希薄であり，どちらか言うと数詞に近く，most は比率そのものに言及するというわけである。

10　Most/Few of the students の違い

では，次のペアについてはどうであろうか。

(15) a. **Most of the students** didn't pass the exam.
b. **Few of the students** passed the exam.

(15a) と (15b) は，日本語に訳すと，「その学生たちのほとんどがその試験に合格しなかった」のようになり，一見すると，両者は同義であるような感じを与えるが，実際はそうではない。

(15a) では，仮に 49% の学生が試験に合格しても依然としてその内容は真であると解釈されるが，(15b) はそのような状況を表すことはできない。(15b) と同義なのは Not many of the students passed the exam. であり，「その学生たちのごく少数がその試験に合格した」ことを表している。

11　Each/Every student の違い

今度は each と every を含む名詞句の違いについて考えてみることにしよう。

(16) a. **Each student** has an electronic dictionary.
　　b. **Every student** has an electronic dictionary.

(16a) と (16b) の知的な意味は同じである。しかし，両者には微妙なニュアンスの違いがある。

(16a) からは，話し手がそれぞれの学生のところまで行って，それぞれの学生が電子辞書を持っていることをチェックしたような状況が想像できる。

それに対して，(16b) からは，話し手が直接それぞれの学生のところに行ったというのではなく，おそらく少し離れた場所から学生数と電子辞書の数を数え，学生数と電子辞書の数が一致することを確認したような状況が想像できる。

このように，each は，個々のメンバー 1 つずつに視線を向けていて，結果的に全体に目を通すことになるというような状況を表すのに適しているということになるであろう。一方，every は，個々のメンバーに言及しながら集合体全体を表現する働きがあるとしてよいであろう。言い換えると，each は「個別的」である決められた範囲内の各々を強調するのに用いられ，every は

「包括的」な all と同様，全体を意識する場合に用いられるということになろう。

また，通例，each は 2 つ以上，every は 3 つ以上のものに言及するとされている。したがって，She had a child holding on to **each hand**. とは言っても *She had a child holding on to **every hand**. と言うことはできない。また，There were two girls in the room and I gave a candy to **each**. とは言っても *There were two girls in the room and I gave a candy to **everybody**. とは言えない。しかし，There were three girls in the room and I gave a candy to **each/everybody**. では，each と everybody のいずれもが許される。

さらに，次のペアの違いについて確認しておこう。

(17) a. **Each bird** has feathers.
　　 b. **Every bird** has feathers.

every が用いられている (17b) のほうが普通の言い回しであり，each が用いられている (17a) は，論理学や数学の教科書でのみ用いられるような言い回しであるとされている。

ある集合の数が多すぎて数えられない場合には，通例，every が用いられると言われている。すると，それぞれの文は，いずれも鳥に関する一般論ではあるが，地球上に存在するすべての鳥を数えることが現実には不可能であるので every を伴う (17b) のほうが一般的な表現であることもうなずけるわけである。

12 a few / few friends の違い

次に，a few と few の違いを次のペアの文で比較することにしよう。

(18) a. He has **a few friends**.
    b. He has **few friends**.

実際，(18a) と (18b) は，いずれも数が少ないということを述べている点では違いはない。

a few friends あるいは few friends のいずれの表現が選択されるかは，話し手の心理が関わっている。つまり，同じ数量でも，話し手が肯定的に「少しはある」と思っていれば a few が，また否定的に「ほとんどない」「少ししかない」と思っていれば few が選択されというわけである。

以上のように a few を使うかあるいは few を使うかは，話し手の見方によるものであり，同数のものを表す場合でも話し手の判断次第でいずれかの形が選択されるということになる。

したがって，(18a) は「ジョージには少数ではあるが友人がいる」という感じを，一方 (18b) は「ジョージにはほとんど友人がいない」という感じをそれぞれが表明していることになるわけである。

もちろん，a few と few には数えられる名詞が後続するが，こ

れらと同じように後に名詞を従える数量詞に a little と little がある。a little と little の後には数えられない名詞が後続するが，話し手の量の捉え方は a few と few に関する捉え方に平行する。

すなわち，同じ量であっても話し手がその量を肯定的に見ている場合は，a little を，また，否定的に見ている場合は，little を選択するということである。したがって，同じ量に言及するにあたって，a little が選択されている場合は「少しはある」というふうに話し手が思っていることを，また，little が選択されている場合は「ほとんどない」というふうに話し手が思っていることが分かるわけである。

次の (19a) と (19b) の違いについて見ておくことにしよう。

(19) a. He has **a little** money.
　　 b. He has **little** money.

もはや説明の必要はないかと思われるが，(19a) では「小額だがお金を持っている」ことが肯定的に述べられ，(19b) では否定的な態度で「ほとんどお金を持っていない」ということが述べられているということになる。

13　some/any questions の違い

この節では，頻度の高い数量詞である some と any に関して

見ておくことにしよう。

次のペアの文の違いについてはどうであろうか。

(20) a. Do you have **some questions**?
    b. Do you have **any questions**?

肯定文で some が用いられるのが通例であるが，肯定の答えを予期して疑問文の中で some が使用されることは珍しくないし，勧誘あるいは依頼などを意味するために some が使用されることもある。

(20a) は，「何か質問があるのでしょう」を意味し，聞き手側に質問があることを予測した疑問文ということになる。

それに対して (20b) は，純粋な疑問文であり，話し手は単に聞き手に質問があるかどうかを尋ねている文である。

上で述べたように，人に何かを勧める場合には some が用いられるので，たとえば，Would you like some cake?（ケーキを召し上がりますか）のような表現が散見される。もし，Would you like any cake? と言えば，話し手は中立的な立場に立っていることになる。やはり，any が用いられると純粋な疑問文になるわけである。

このことを踏まえて，次のペアの違いについて考えてみよう。

(21) a. Why don't you have **some wine**?
    b. Why don't you have **any wine**?

(21a) は,「ワインをいかがですか」と話し手は, 聞き手にワインを勧めている文である。他方, (21b) は,「なぜワインを飲まないのですか」と話し手は, 聞き手に質問している疑問文である。

14　any books/book の違い

この章の最後に, any books と any book の違いについて見ておくことにしよう。

(22) a. Did you read **any books** during the summer vacation?
  b. Did you read **any book** during the summer vacation?

(22a) は,「夏休みの間に何か本を読みましたか」と純粋に相手に尋ねている疑問文である。

他方, (22b) は, いく冊かの本を読むように指定しておいたが, それらの本のうちの「どれか一冊は読みましたか」と聞き手に尋ねている文である。

このように, any books が用いられている (22a) と any book が用いられている (22b) の間には, 意味の違いが存在するわけである。

第6章

there 構文とその周辺

すでに上でいくつかの there 構文の例を見たが，この章では，さらに there 構文とその周辺について観察することにしよう。

1 there is someone / someone is ... の違い

まず，次のペアの文の違いについて考えてみよう。

(1) a.　Jane believes that **someone is stalking her**.
　　b.　Jane believes that **there is someone stalking her**.

(1a) と (1b) はいずれも「ジェーンは誰かが彼女をストーキングしていると思っている」ことを意味する。しかし，両者には違いが存在する。

(1a) の someone に関する解釈だが，特定的（specific）な解釈と非特定的（unspecific）な解釈の両方を許す。つまり，(1a) の someone に関しては，ジェーンがある特定の人物を頭に浮かべている場合と，彼女のストーカーが誰であるかは特定できてい

51

ない場合の両方の解釈が可能である。

それに対して、(1b) のように there 構文を含む文に関しては、someone に対して非特定的 (unspecific) な解釈のみが適用される。このように、特定的な解釈あるいは非特定的な解釈という観点から (1a) と (1b) の違いに言及することができる。

すると、次のようなペアの文に関しても同様の説明が適用できることが予想できるであろう。

(2) a. **Someone** must be in her room.

b. There must be **someone** in her room.

(3) a. James thinks that **someone** is in the attic.

b. James thinks that there is **someone** in the attic.

上の (2) (3) の各ペアの文に関しても、(1a) と (1b) に関する説明と同様の説明を当てはめることができる。

つまり、(2a) と (3a) の someone に対して特定的な解釈と非特定的な解釈のいずれも可能であるが、there 構文を含む (2b) と (3b) の someone に対しては、非特定的な解釈のみが可能である。したがって、(2a) と (3a) は、話し手がある特定の人物を頭の中に描いているとする解釈とそうでない解釈のいずれも可能であるが、(2b) と (3b) の someone は、誰であるのか特定できない人物を示していることになる。

以上のように、話し手の思考・判断を表す動詞や法助動詞を伴う there 構文では be 動詞の後のフォーカス位置の名詞句に対し

て非特定的な解釈のみが適用されるということが確認できる。

2　there is a book / the book の違い

　there 構文ではそのフォーカス位置に不定表現が置かれるのが通例であるとされるが，時として定表現が置かれる場合があることを以下で見ることにしよう。

(4) a.　There is **a book** on the table.
　　b.　#There is **the book** on the table.

(4a) タイプの文は，よく知られているように，典型的な there 構文で，be 動詞の後に続く名詞句は不定冠詞を伴う a book となっている。このように，be 動詞の後に不定名詞句が続くパターンが典型的な there 構文の特徴であると言うことができる。

　一方，(4b) タイプの文は，通例，いきなり談話の始めに使うことはできない。その理由は，be 動詞の後に定冠詞を伴った the book という定名詞句が現れているからである。このようなタイプの there 構文が成立するためには一定の条件をクリアーしなければならない。その理由で (4b) には # の印が付けられているが，これは，この文が独立した一文としては適格であるとは認めにくいが，たとえば，何がしかの疑問文などが先行しているような文脈では，適格文として成立することを意味している。

したがって，(4b) タイプの存在文は，たとえば，"What can I use to prop open the door?"(このドアを開けておくのに何をつっかいに使えますか) のような疑問文に対する答えとしては問題のない文となる。(4b) の中で定表現の the book が用いられている理由は，話し手は聞き手がどの本のことについて述べているのか認識できるだろうと思っているからであるにほかならない。

(4b) のようなタイプの文は，時として，reminder と呼ばれることがある。したがって，話し手は聞き手に向かって「テーブルの上の例の本があるじゃない」と言っている感じが (4b) にあるわけである。つまり，話し手は，すでに聞き手の意識内にある特定の本の存在があることを想定し，それを there 構文の形を用いて聞き手にその存在を再び呼び起こさせる手法を用いているのである。

また，この (4b) タイプの文は丁寧な響きがするとも言われている。なぜなら，there 構文は初めて聞き手に何かの存在物を知らしめる働きがあるので，話し手はこの構文を用いて，聞き手が一時的に忘れていると思われるものをまるで初めて談話の中に導入するような形をとっているからである。

(4a) と (4b) は違う意味を表すが，そのことはそれらの統語構造が違うことにも反映している。以下で，(4a) の統語構造を表す (5a) と (4b) の統語構造を表す (5b) を確認しておくことにしよう。

(5) a. There is [a book] [on the table].

　b. There is [the book on the table].

表面的には (4a) と (4b) は同じ構造を持っているように見えるが、実際には、(5a) と (5b) のようにそれぞれが違う構造を持っているわけである。

　すなわち、(5a) では、a book と a table は別個の独立した文の要素となっているが、(5b) では the book on the table はこれ全体でひとまとまりの構成素を成し、the book と on the table を分離させることはできないのである。したがって、(4a) に関しては、On the table, there is a book. のように on the table を前置させても文法的な文となるが、(4b) に関しては、on the table を前置させると *On the table there is the book. のように容認不可能な文になることもうなずけるであろう。

3　there 構文と SVC 型の文の違い

　次に、there 構文と SVC 型の文がほぼ同じ意味を表す例について見ることにしよう。

(6) a. There is **wisdom** in Socrates.

　b. Socrates is **wise**.

(6a) と (6b) はいずれも「ソクラテスは賢い」ことを述べている点で共通しているが，名詞の wisdom を用いたほうが単に形容詞の wise を用いるよりも「力強さ」が感じられると言われている。なぜなら，名詞表現のほうが形容詞を用いた表現に比べて「具体的」であるからである。

したがって，(6a) と (6b) を比べた場合，(6a) のほうが (6b) よりも力強い表現であるということになる。このように，力強い表現をするには (6a) のような名詞中心の表現形式が好んで使用されるわけである。

次の (6a) と (6b) の類似表現について考えてみることにしよう。

(7) a. There was **an expression of joy** on his face.
   b. His face was **expressive of joy**.
(8) a. There was **full of love and affection** in her voice.
   b. Her voice was **full of love and affection**.

(7a) と (7b) に関しては，名詞句の an expression of joy が用いられている (7a) のほうが，形容詞の expressive が用いられている (7b) に比べて，より具体的で力強い感じを与える。したがって，両者は共に「彼は顔に喜びの表情を浮かべていた」ことを述べている文ではあるが，喜びを前面に押し出した格好になっているのが (7a) ということになる。

また，(8a) と (8b) のペアについても，上の各ペアの文に対

する説明と同様の説明をすることができる。(8a) と (8b) ともに「彼女の声にはたっぷりの愛情があった」ことを述べているわけであるが、(8a) のほうがその様子を力強く述べているということになる。

4 there 構文と have 構文の違い

何がしかの entity が存在することを表す形式に there 構文とならんで have 構文があることが知られている。以下で、there 構文と have 構文の違いについて見ることにしよう。

(9) a. **There are five windows in this room**.
   b. **The room has five windows**.

いずれの構文を用いても「この部屋には5つの窓がある」という事実を表現することができるが、両者には違いが存在する。

(9a) は、客観的な事実をそのまま伝えるのにふさわしい文であるのに対して、(9b) は、the room の特徴づけがなされている文である。つまり、(9b) の have 構文は、文の主語である the room が話し手と聞き手の間で共通の話題 (topic) となっており、その話題である主語についての特徴が述べられているのである。

他方、(9a) のような there 構文は、2節で述べたように、be

動詞に後続する名詞句を初めて談話に登場させる機能を持っており，名詞句の存在を聞き手に初めて知らしめるような場合に用いられる。それに対して，have 構文では，文の主語がすでに話し手と聞き手の共通の話題になっているわけであるから，話し手と聞き手の関心は主語に向けられているということになる。

　すると，次の各ペアの文に関しても，同様の説明をすることができるであろう。

(10) a. **There are many wild animals in this area.**
　　 b. **This area has many wild animals.**
(11) a. **There are a lot of entries for scientific terms in this dictionary.**
　　 b. **This dictionary has a lot of scientific terms.**

(10a) と (11a) は，話し手が be 動詞に後続する名詞句を聞き手に初めて紹介している文であり，(10b) と (11b) では，それぞれの主語 this area と this dictionary が，話し手と聞き手の共通の話題となっており，this area と this dictionary それぞれの特徴づけがなされている。

　以上のように，there 構文と have 構文には違いが認められるわけである。

5 典型的な there 構文と特殊な there 構文の違い

次に，be 動詞に後続する要素が「はだか複数名詞＋はだか複数名詞」の型を持つ There are books and books. タイプの there 構文について見ておくことにしよう。一番典型的な there 構文は，何がしかの entity が何がしかの場所に存在することを述べるのに用いられる。したがって，2 節で見たように，There is a book on the table. タイプの文がその典型例ということになる。このように，文末に場所表現の on the table のような表現が置かれているのが最も一般的な there 構文の形である。それに対して，「There are ＋はだか複数名詞＋はだか複数名詞」型の構文は，文末に場所表現を持たず，もっぱらこの形式をとるところが特徴である。

次の各例を見られたい。

(12) a. There are **books and books**.
　　 b. There are **movies and movies**.

(12a) のような there 構文には，There are many kinds of books. に等しい意味解釈が適用される。つまり，(12a) は，「本にも良い本や悪い本などいろいろとある」ことを意味している。

同様に，(12b) も，「映画と言ってもいい映画からそうでない映画までピンからキリまである」ということを述べており，

(12b) に対しては There are good and bad movies. に等しい意味解釈が適用される。

このように, (12a) や (12b) のような「There are ＋はだか複数名詞＋はだか複数名詞」型は,「～と言ってもいろいろある」「ピンからキリまである」という意味を伝える文であるということになる。

なお, このような there 構文におけるイントネーションに関しては, There are books (↗) and books (↘). のように前半の books の後では上昇調のイントネーションとなり, 最後の books は下降調のイントネーションとなる。このようなイントネーションがこのタイプの there 構文で用いられる典型的なパターンであるとされる。

以上のことから, There are men and men. に対しては,「男と言ってもピンからキリまである」という意味解釈がなされ, これは There are good men and bad men. と言っていることになるわけである。

ちなみに,「ピン」は,「第一番」「最上のもの」を, また,「キリ」は,「最後」「最低のもの」を意味するので, たとえば,「私はどれがピンでどれがキリだか見当がつかない。」という日本語は, I have no idea which is the best or the worst. の英文が対応することになるであろう。

6 What 疑問文における there の有無の違い

この章の最後に，次のペアの文の違いについて確認しておくことにしよう。

(13) a. What **is there** in the box?
　　 b. What **is** in the box?

(13a) と (13b) を日本語に訳すと，いずれも「その箱の中には何がありますか」となるであろう。しかし，(13a) と (13b) は，それぞれが使われる理由が違っている。

(13b) は (13a) と違って，この疑問文を発した人物は，箱の中には何がしかのモノがすでに入っている (is in the box) ことを前提としている。つまり，(13b) の疑問文を発した人物は箱の中に何かが存在していることを知っている，あるいはそのように信じていてその存在物が何であるかを知りたがっている状況下での疑問文が (13b) ということになる。

それに対して，(13a) は純粋に箱の中には何があるのかを問うている疑問文である。したがって，(13a) のように there 構文が埋め込まれている疑問文は純粋に何がしかのものの存在を尋ねる疑問文であり，他方 (13b) のような文は，何がしかのものの存在が前提となっておりその存在物の正体を知りたいと思っている人物の疑問文ということになる。

このことを踏まえて次のペアの文の違いについて考えてみよう。

(14) a. What **was there** in the parcel?
    b. What **was** in the parcel?

(14c) と (14d) についても，上の (13a) と (13b) の違いに関する説明と平行した説明ができる。(14a) を使用することによって，(14a) の発話者は，純粋に小包の中に何があったのかを問うている。それに対して (14b) に関しては，(14b) の発話者は，小包の中にはすでに何かが入っていたことを前提とし，それがどのようなものであったかを問うていると説明することができる。

第7章

「所有格＋名詞」型の名詞句について

本章では「所有格＋名詞」型の表現について考えることにしよう。

1　Kate('s) and Meg's の違い

まず，次の Kate and Meg's friend と Kate's and Meg's friend の違いについて見てみることにしよう。

(1) a.　I met **Kate and Meg's friend** yesterday.
　　b.　I met **Kate's and Meg's friend** yesterday.

(1a) の Kate and Meg's は，Kate and Meg が1つの群（group）となっていて，それに 's が付加された格好になっている。このことは，Kate と Meg が1つのセットとして扱われていることを意味する。したがって，(1a) の Kate and Meg's friend は「ケイトとメグに共通した友人」を意味することになる。

一方，(1b) の Kate's and Meg's friend は，Kate と Meg が

63

それぞれ別の友人を持っていることを表している。つまり，(1b) の場合は，Kate's の後に friend が省略されているわけである。それゆえに，(1b) は，「昨日私はケイトの友人とメグの友人（の二人に）会った」ことを意味するわけである。

2 his and her car と his car and hers の違い

では，次のペアの文に関してはどうであろうか。

(2) a. I borrowed **his and her car**.
　　b. I borrowed **his car and hers**.

(2a) はあいまい文で，「私は彼と彼女が共有している車を借りた」という意味と，「私は彼の車と彼女の車を（つまり，別々の車を）借りた」という意味の両方の意味解釈が可能である。

それに対して，(2b) では，彼と彼女が共有している車の解釈は閉め出され，「彼の車と彼女の車を借りた」ことが述べられている。つまり，(2b) は，「私は2台の車を借りた」ことを意味するということになる。

さらに，次のペアの文の違いについて考えてみることにしよう。

(3) a. I read **Tom and Kate's book**.

b. I read **Tom's book and Kate's book**.

(3a) と (3b) に関しても，(1a) と (1b) また (2a) と (2b) に対する説明と同様の説明を適用することができると容易に想像がつくであろう。

ここで次のような原則を立てておけば，難なく上で見た例を含め (3a) と (3b) を説明することができるであろう。すなわち，[X and Y]'s NP（名詞句）は，X と Y が，共有する NP，あるいは，X と Y の共同による活動結果としての NP を表す。そして，X と Y が別々の NP を所有している場合，あるいは X と Y の別個の活動結果としての NP は，[X's NP and Y's NP] の形式で表現されるとするのが原則であるとしてよいであろう。

したがって，(3a) は，「私はトムとケイトの共著を読んだ」ことを意味し，一方 (3b) は，「私はトムの著書とケイトの著書（つまり別個の本を 2 冊）読んだ」ことを意味するということになる。

3　his uncle's と his uncle's house の違い

今度は，所有格の後に名詞が後続する表現と後続していない表現の違いについて観察してみよう。

(4) a.　Jeff is staying at **his uncle's**.

  b. Jeff is staying at **his uncle's house**.

（4a）と（4b）との間の違いは（4b）では，uncle's の後に house が続いている点だけであるが，両者には意味に違いが認められる。

 （4a）は，ジェフが叔父のところにお客さんとして滞在していることを表している。他方（4b）は，ジェフが叔父の家を借家として借りて住んでいることを表している。

 このように，uncle's の後に house があるかないかでかなり意味に違いがあることが確認できる。

 では，次の各ペアの文に関してはどうであろうか。

 (5) a. Sally is going back to **her parents'**.
   b. Sally is going back to **her parents' house**.

（5a）は，サリーが両親の住んでいる家に戻ることを述べているが，これは，たとえば，夫婦喧嘩などなんらかの理由が生じて両親の家に帰っていく状況の描写に適している。

 他方，(5b) は，(5a) と違い，何かの理由があって両親の家に帰るというような含意は全くなく，単に地理的な場所として her parents' house に帰っていくところであることに言及しているに過ぎない。

 このように，所有格の後に名詞が来るか来ないかで微妙に意味の違いが生じることがあるので注意しなければならないということになろう。

4 Bill's play(ing) (of) the piano の違い

この章の最後に、次の各文の違いについて検討することにしよう。

(6) a. She criticized **Bill's playing of the piano**.
　b. She criticized **Bill's playing the piano**.
　c. She criticized **Bill's play of the piano**.

(6a) と (6b) は、微妙に意味が違う。

(6a) に対する解釈は、「彼女はビルのピアノの演奏の仕方を批判した」であり、一方 (6b) は、「彼女はビルがピアノを演奏した事実を批判した」ことを意味する。Bill's playing の後に of が挿入されているかいないかだけの違いなのだが、以上のような意味の違いがあるとされる。(6a) における Bill's playing と (6b) における Bill's playing はいずれも動名詞と分析されるが、後述する理由で、前者のほうがより名詞に近く（名詞的動名詞）、後者のほうがより動詞に近い（動詞的動名詞）ということが言える。

(6a) の Bill's playing of the piano には、たとえば、形容詞の poor を加えて Bill's poor playing of the piano と表現することができる。一方、(6b) の Bill's playing the piano は、たとえば、副詞の poorly を加えて、Bill's poorly playing the piano あるい

は Bill's playing the piano poorly と表現することができる。このことから，同じ動名詞句であっても名詞に近いのが（6a）の動名詞句のほうであり，動詞に近いのが（6b）の動名詞句のほうと言うことができるであろう。

また，（6c）の She criticized Bill's play of the piano. のように playing ではなく play が用いられている場合，Bill had a single play of the piano. を意味するとされる。つまり，（6c）は，ビルがピアノを弾いた行為は一度限りのものであったことを表している。それに対して，（6a）は，Bill played the piano more than once over a period of time を含意するとされる。

したがって，（6a）はビルのピアノ演奏は二度以上行われたことを含意していることになる。よって，動詞と同形の名詞が用いられている場合は一度きりの行為を表し，-ing 形の動名詞が用いられている場合は二度以上の行為を表すことになることが分かる。

このことから，たとえば，There was a period of joking, then the meeting relapsed into seriousness. とは言っても，*There was a period of joke, then the meeting relapsed into seriousness. とは言えないこともうなずけるわけである。

第8章

語順の違いから生じる意味の違い

　同じ語が用いられていても，語順が違うために意味が異なる場合があるが，この章ではそのような例について見ていくことにしよう。

1　his last great / great last novel の違い

　まず，次のペアの文の違いについて考えてみることにしよう。

(1) a.　I like **his last great novel**.
　　b.　I like **his great last novel**.

(1a) は，「私は彼が書いた偉大な小説のうちの最後のものが好きだ」ということを意味する。一方，(1b) は，「私は彼が書いた最後の小説が好きなのだがそれは（たまたま）偉大なものである」ことを意味する。

　つまり，his last great novel は，the last of his great novels を意味するのに対して，his great last novel は，his last novel,

69

which is great を意味するわけである。このように名詞句の中で 2 つの形容詞が並列している場合,順番が入れ替わると意味が変わるのである。

では,次の場合はどうであろうか。

(2) a. **his third unfinished book**
b. **his unfinished third book**

(2a) は,the third of his three unfinished books を,また,(2b) は,the third of his books which is unfinished をそれぞれ意味する。

つまり,(2a) は,彼が書いた本の中には未完の本が 3 冊あって,その 3 番目の未完の本を意味する。それに対して,(2b) は,彼が書いた本の中で 3 冊目の本が未完のままとなっていることを意味する。

2 the new white / white new car の違い

さらに,次のペアの文の違いについて見ることにしよう。

(3) a. I want to buy **the new white car**.
b. I want to buy **the white new car**.

(3a) の the new white car における形容詞 new white の並び方

が一般的であり，それは文字通り「新しくて白い自動車」を意味する。

他方，(3b) の the white new car は，形容詞の並び方として通常の new white と並び方が逆になっているが，このフレーズが発音される場合には white に強勢が置かれ，「新しい自動車のうちの白い一台」(the white one of the new cars) を意味する。

3　a pretty(,) intelligent girl の違い

今度は，次のペアの文について考えてみよう。

(4) a.　Kate is **a pretty intelligent girl**.
　　b.　Kate is **a pretty, intelligent girl**.

(4a) と (4b) の違いはただ一点，カンマがあるかないかだけの違いである。しかしながら，このカンマの有無が重要な意味の違いを表すことになる。

(4a) は，「ケイトはかなり頭のよい少女である」ことを意味するが，(4b) は，「ケイトはかわいらしくて頭のいい少女である」ことを意味する。つまり，(4a) に見られる pretty は，「かなり」「相当に」を意味する副詞であるとする解釈が普通であり，(4b) に見られる pretty は「かわいらしい」を意味する形容詞であるということである。

(4b) に見られるカンマは，意味的には，and と同じであると解釈してよいであろう。つまり，a pretty, intelligent girl は，a pretty and intelligent girl の中の and が省略されたものとして解されるということである。

4 a pink and (a) white flower の違い

次のペアの文についてはどうであろうか。

(5) a. Sally sent me **a pink and white flower**.
   b. Sally sent me **a pink and a white flower**.

(5a) と (5b) の違いは，(5b) の white の前に不定冠詞の a が現れている点だけであるが，この不定冠詞の存在により (5a) と (5b) の解釈に違いが生じる。

(5a) の a pink and white flower は「1本の花に関してピンクと白色が混じった色の花」に言及するのに対して，(5b) の a pink and a white flower は「ピンクと白色の別々の2本の花」に言及する。このように，不定冠詞が伴うか伴わないかで意味に大きな差が生じることがうかがい知れる。

また，たとえば，Sally sent me pink and white flowers. の文において，複数名詞の形が用いられると，pink and white flowers の表す意味はあいまいになる。すなわち，「複数のピンクと

白色が混じった色の花」に言及する解釈と,「複数のピンク色の花と複数の白色の花」に言及する解釈のいずれもが可能であるということになる。

5　a responsible man と a man responsible の違い

　次のペアの文についても, もはや違いがあることが予想できるであろう。ではその違いはどのようなものであろうか。

(6) a.　Frank is **a responsible man**.
　　b.　Frank is **a man responsible**.

(6a) は「フランクは信頼できる男だ」を意味するが,(6b) は「フランクは責任者だ」を意味する。

　形容詞によっては, それが名詞の前に置かれる場合と名詞の後ろに置かれる場合とで意味に違いが生じるが, そのような形容詞の1つが responsible である。

　概して, 形容詞が名詞の前に置かれている場合, 形容詞は名詞の永続的あるいは恒久的な性質を言い表し, 一方, 形容詞が名詞の後に置かれている場合, 形容詞は名詞の一時的な状態を言い表す。たとえば, a sick man は「病人」を意味するが, a man sick は「(一時的に) 気分が悪くなっている人」を意味する。このよ

うに，形容詞が名詞の前にあるか，あるいは後ろにあるかで意味が変わるわけである（第II部第11章参照）。

さらに，以下で次の各ペアの文の違いを確認しておこう。

(7) a. This is the only **passable road**.
    b. This is the only **road passable**.
(8) a. There are two **navigable rivers** on the island.
    b. There are two **rivers navigable** on the island.

(7a) の passable は「通行可能な」を意味し，(7a) 全体で「これが唯一の通行可能な道路だ」を意味する。一方 (7b) では，passable が road の後ろに位置しているので，(7b) は「これが唯一の一時的に通行可能な道路だ」を意味することになる。また，(8a) の navigable rivers は「本来的に航行可能な川」を意味しているのに対して，(8b) の rivers navigable は「（雨期の間）水かさが増して一時的に航行可能な川」を意味する。

そのほか，the visible stars は「目に見える星」を，the stars visible は「（今夜）見えている星」を，また，the guilty people は「罪を犯した［有罪の］人々」を，the people guilty は「（一時的に）罪の意識のある［やましい気持ちの］人々」を意味するといった具合である。

6 only/mere/just の違い

さらに，次のペアの文の違いについて考えておくことにしよう。

(9) a. Ann is **only a child**.
　b. Ann is **an only child**.
　c. Ann is **a mere child**.
　d. Ann is **just a child**.

(9a) は，「アンはまだ子どもです」「アンは子どもにすぎない」を意味するが，(9b) は，「アンは一人っ子です」を意味する。つまり，(9a) の only は副詞であるが，(9b) の only は形容詞であり品詞が違う。

(9a) と並んで，(9c) のように Ann is a mere child. と言うこともできるが，(9a) と (9c) は微妙にニュアンスが違う。(9a) は，アンを過度の重荷から救ってやりたいと話し手が思っているような場合に適切である。この文からは，まだ子どもだから加減してやらなければならないという感じが伝わってくるということである。

それに対して，(9c) は，たとえば，アンが発した言葉を受けて，アンの言葉は重要ではない，つまり，子どもの言うことであり，取るに足らないものであると話し手が考えているような場面

の表現としてふさわしい。言い換えると，アンの言葉を，子どもの言うことだから当てならない，あるいは頼りにならないものであると認識し，それを退けようとする話し手の態度が推察できる表現であると言うことができる。

　また，「ほんの子どもに過ぎない」ことは，(9d) の Ann is just a child. でも表現することができるが，この表現は，mere のような軽視的な感じは与えず，子どもであることを肯定的に捉えている感じを与える。つまり，子どもなのだからいたずらや悪ふざけをするのは当然というような態度の表明が (9d) に見てとれるということである。

　ついでながら，次のペアの文の違いについて確認おくことにしよう。

(10) a.　There are **only** two of us.
　　 b.　There are **just** two of us.

(10a) の only two of us と (10b) の just two of us のいずれも「私たち2人しかいない」という否定的な意味を表す。

　しかし，just two of us は，肯定的な意味でも用いられ，そのような場合のほうが多いようである。たとえば，この表現は，I'm glad there are just two of us. (2人きりになれて嬉しい) のように肯定的なニュアンスを伴う文として使うことができる。

7　a kind of と of a kind の違い

　この章の最後に，次のペアの文の違いを確認しておくことにしよう。

(11) a.　John is **a kind of (a) scientist**.
　　 b.　John is **a scientist of a kind**.

(11a) は，「ジョンはまあ一種の科学者みたいな人だ」ということを，また (11b) は，「ジョンはあれでも科学者ということになっている」ことをそれぞれ意味する。

　a kind of X は「X みたいなもの」「一種の X」を，一方，an X of a kind は「名ばかりの X」「おそまつな X」を意味する。そうすると，a kind of X は，X に近いが，X そのものではない人物に言及することになる。それに対して an X of a kind は，「X ではあるのだが，まああれでも X ということになっている」という感じを表すのである。

　すると，次の (12a) と (12b) の類似表現の間に存在する意味の違いも予想できるであろう。

(12) a.　Jenny is **a kind of (an) artist**.
　　 b.　Jenny is **an artist of a kind**.

(12a) は「ジェニーは一種の芸術家みたいな人だ」を意味し，

一方，(12b) は「ジェニーはあれでも一応は芸術家なのだ」を意味するということになる。

ところで，ついでながらここで kind の類義語の sort について見ておくことにしよう。a sort of X は，a kind of X と同様，「一種の X」「まあ X と言っていいような」を意味するので，a sort of wine は「ワインの一種」，a sort of politician は「まあなんというか一種の政治家」を意味することになる。

また，an X of a sort も，an X of a kind と同様，「たいしたものではない X」「おそまつな X」あるいは「二流の X」といった意味で用いられる。したがって，たとえば John is a politician of a sort. は，実際ジョンは政治家であるのは事実であるが，話し手がジョンについて低い評価を下していて，「ジョンはへぼ政治家だ」と述べている文ということになる。

また，口語では，an X of a sort と同じ意味で，an X of sorts の形が用いられる。したがって，口語では，John is a politician of sorts. とも表現されるわけである。

その他，a gift of sorts（おそまつな贈り物，一種の贈り物のような物），あるいは，a studio of sorts（スタジオと言えるほどではないスタジオ，ある種スタジオのようなところ）のような例も挙げておく。

第9章

その他の名詞とその周辺

　これまでいろいろな名詞にまつわる例を見てきたが、本章では、まず、1節の（1a）の from me のように前置詞と代名詞を伴う文と（1b）のように、from me を伴わない文との違い、2節の（2a）の remembered herself locking のように再帰代名詞 herself を伴う文と（2b）remembered locking のように herself を伴わない文との違いについて観察する。また3節以下では、（3a）のように関係詞節を主節に持つ文と（3b）のように関係詞節が外置された文との違い、（6a）のように制限用法の関係詞節を持つ文と（6b）のように非制限用法の関係詞節を持つ文との違いなどについて見ていくことにする。

1　across the table (from me) の違い

　まず、代名詞を伴う文と代名詞を伴わない文の比較を行うことから始めてみよう。

(1) a. Jack is sitting **across the table from me**.

b. Jack is sitting **across the table**.

(1a) と (1b) の違いは，(1a) の末尾に from me がある点だけである。

(1a) では，話し手は，たとえば，Jack is sitting across the table from Kate. における Kate と同じように，from me という表現を用いて，表現対象の一部として自分自身を客観的に捉えている状況を述べている。つまり，(1a) では，話し手は，文中には明示されない表現主体としての役割と me という形で表される表現対象としての役割の両方を同時に担っていることになる。from me を末尾に持つ (1a) は，このような状況を表現している。

それに対して，(1b) では，(1a) のように末尾に from me が用いられていない。このような場合というのは，話し手が事態を「主観的に」捉えている場合であるとされる。話し手がある事態を知覚する時，その事態の知覚者である主体としての話し手は，自分の存在を自分が知覚する事態の中に含めてその事態に言及する場合は，from me のような表現は用いない。つまり，事態を主観的に捉えている場合，話し手は自己を表現するような要素を全く用いない。

他方，(1a) に見られるように，話し手である主体が知覚する事態に自己を含めてその事態を客観的に見ている場合には from me のような表現が用いられるものと思われる。英語では，話し手が自分自身をまるで第三者のように扱う表現が散見されるが，それは話し手である「主体」と目的語にあたる「対象」という二項対立的な見方があるからであり，これが英語の特徴であるとすることができよう。たとえば，dress oneself, behave oneself, pour oneself some coffee などの表現を想起すればよいであろう。

2　remember (oneself) locking の違い

これに関連して，次のペアの文の違いについて考えてみよう。

(2) a.　Anna remembered **herself locking the door**.
　　b.　Anna remembered **locking the door**.

いずれの文も「アナはドアに鍵をかけたことを覚えていた」ことを述べているが，(2a) では，回想者が自分自身をまるで第三者のように見ていることが，また，(2b) では，回想者は回想の中の自己と一体化して過去の行為を追体験していることが表されている。

ここでも，文主語が自分自身のことを述べる表現を用いている (2a) は，事態を客観的に捉えている場合であり，その一方文主語が自身を表す表現を用いていない場合は，事態を主観的に捉えている場合であるとしてよいであろう。

3　関係詞節が主節にある場合と外置された場合の違い

次に，関係詞節を主節に持つ文と関係詞節が外置された文の違いについて考えてみることにしよう。

(3) a. A girl **who** had a novel hairstyle rushed into the classroom.
    b. A girl rushed into the classroom **who** had a novel hairstyle.

(3a) は，主節に関係詞節を持った文であるが，(3b) は，関係詞節が外置された文である。

それでは，両者の間にはどのような違いがあるのかと言うと，情報構造に違いがあるのである。原則的に，英語では，重要であると考えられる情報は，文末に置かれる。文末に置かれる要素は聞き手にとって新しい情報（new information）であり，それゆえに，それは聞き手にとって重要な要素ということになる。(3a) では，「教室の中に飛び込んで来た」という行為に重点が置かれているのに対して，(3b) では，「a girl は変わった髪型をしていた」という a girl に関する特徴に重点が置かれている。

(3a) と (3b) を疑問文にして，その答えを以下で見ることにしよう。

(4) Did a girl **who** had a novel hairstyle rush into the classroom?

No, no one **who** had a novel hairstyle rushed into the classroom.

Yes, someone **who** had a novel hairstyle rushed into the classroom.

(5) Did a girl rush into the classroom **who** had a novel hairstyle?

No, no one **who** rushed into the classroom had a novel hairstyle.

Yes, someone **who** rushed into the classroom had a novel hairstyle.

(4) では，主節に重点が置かれている。それに対して，(5) では，関係詞節に重点が置かれているので，予想される答えが異なっているというわけである。

　また，関係詞節を伴う名詞句は，通例，情報量の多い長い名詞句なので，このような名詞句が主語の位置に来ると，どうしても主部であるこの名詞句は頭でっかちになってしまう。英語では頭でっかちな名詞句は好まれないという理由から，(3a) ではなく (3b) のような関係詞節が外置された文が好んで使用される傾向がある。そして，(3b) のような文が好まれるもう1つの理由は，関係詞節の内容が重要であると考えられている場合には，そ

の重要性を示すためにそれは，自然文末に置かれる（すなわち，外置がなされる）ことになるからである，

4 制限・非制限用法の関係詞節の違い

さて，次に，制限用法の関係詞節と非制限用法の関係詞節の違いについて観察することにしよう．

(6) a. Mike has two daughters **who** have not married yet.
　　b. Mike has two daughters, **who** have not married yet.

(6a) が関係詞節の制限用法を持つ例で，(6b) が関係詞節の非制限用法を持つ例である．(6a) と (6b) の違いは，(6b) で先行詞 two daughters と who 以下の関係詞節がカンマで区切られているという点のみである．

(6a) に関しては，who 以下で述べられている内容を持つものに該当するのが先行詞の two daughters であるということ，つまり，who 以下の内容を満たす対象は two daughters に限定されてはいるが，Mike に two daughters 以外に，たとえば，another daughter がいる可能性は排除されないということである．あくまで (6a) のような文は先行詞とそれに続く関係詞節が一緒になって初めて指示対象が同定されるということである．

それに対して，(6b) では，先行詞である two daughters は，

それ自体が独立した指示対象となっており，関係詞節は指示対象の決定には関わっていないということである。いわば，Mike has two daughters と who have not married yet とは意味的にお互いに独立した関係にあり，who 以下の内容は付け足し的な情報となっているということである。

　(6b) からは，Mike には二人の娘のみがいることが推論され，それ以外に娘や息子がいるというような解釈は閉め出されているということになる。それに対して，(6a) に対しては，「マイクにはまだ結婚していない二人の娘がいる」という解釈がなされるが,「もう一人の娘はすでに結婚している」というような内容が後に続いても不自然さは全くない。つまり，Mike has two daughters who have not married yet. の後に But he has another daughter who has already married. と続けても全く違和感なく表現可能ということになる。

　では，次のペアの場合にはついてはどうであろうか。

(7) a. The cats **which** are black are on the sofa.
　　b. The cats, **which** are black, are on the sofa.

(7a) では黒以外の色の猫もいる可能性が示唆されているが，(7b) では，もっぱら黒い色の猫のみがソファーの上にいることが述べられている。

5　制限・非制限用法の関係詞節を含む文の違い

さらに以下で，制限用法の関係詞節を含む文と非制限用法の関係詞節を含む文との違いについて考えてみることにしよう。

(8) a. He told a story about his life in Tibet **which** greatly impressed me.
　　b. He told a story about his life in Tibet, **which** greatly impressed me.

(8a) は，通常の関係詞節を含む文であるが，その一方 (8b) は，非制限用法の関係詞節を含む文であることはもはや一目瞭然であろう。

非制限節を含む (8b) は，等位節構文の He told a story about his life in Tibet, and it greatly impressed me. と類似していると言える。実際，(8b) では Tibet と which の間に少しポーズが置かれるわけであるが，この等位節構文においても，story と and の間にポーズが置かれる点で両者は類似している。

(8a) は，「彼はチベットでの彼の生活の話をしてくれてその話に私は大いに感銘を受けた」ことを述べているわけで，which の先行詞は a story about his life in Tibet ということになる。

もちろん，(8b) においても，which は，a story about his life in Tibet を受けているとする解釈が成立するが，実際，which に

先行する文全体，すなわち，he told a story about his life in Tibet をそのまま受けるとする解釈も可能である。

すると（8b）に対して，2 通りの解釈が可能であるということになる。1 つは，「彼はチベットでの彼の生活について話をしてくれたのだが，その話に大いに感銘を受けた」とする解釈で，もう 1 つは「彼はチベットでの彼の生活について話してくれたが，そのこと（つまり，彼がチベットでの生活を話してくれたこと）が大いに私に感銘を与えた」とする解釈である。

それでは，次のペアの文に関してはどうであろうか。

(9) a.　They have two sons **who became violinists**.
　　b.　They have two sons**, who became violinists**.

(9a) が who の制限用法を含む例であり，(9b) が who の非制限用法を含む例である。

(9a) からは，「彼らにバイオリニストになった息子が二人いる」ことが分かるが，(9a) は，この二人の息子以外に別の息子や娘がいる可能性を排除しない文である。

他方，(9b) からは，「彼らには息子が二人だけいて，二人ともがバイオリニストになった」ことが分かる。

以上のように，制限用法と非制限用法には大きな違いがあることが確認できる。

6 集合名詞の単数・複数扱いの違い

次に、単数扱いの集合名詞と複数扱いの集合名詞に関して観察することにしよう。

(10) a. The **committee** agrees to the proposal.
　　 b. The **committee** agree to the proposal.

(10a) では committee が委員会全体を示しており、この場合は単数扱いされている。一方、(10b) では committee が複数扱いされているが、これは個々のメンバーに重点が置かれているためである。

このように、同じ committee であってもそれを話し手が1つの単一体として捉えている場合は単数扱いがなされる。そして、委員会を構成する個々のメンバーを意識している場合は、複数扱いがなされるということになる。

では次の各ペアの文の間の違いは何であろうか。

(11) a. There was a large **audience** at the concert.
　　 b. The **audience** were enjoying the concert.
(12) a. His **family** is a big one.
　　 b. All his **family** are well.

(11a) と (11b) に関しても、上の (10a) と (10b) の違いと平

行的な説明が適用される。すなわち，(11a) では，聴衆である audience が 1 つの集合体として捉えられているが，(11b) では audience に対して個々のメンバーが意識されているということになる。

　(12a) と (12b) に関しても，上の各例に関する説明と同様の説明をすることができる。しかし，police に関しては，たとえば，The **police** are investigating the murder. のように，形は常に単数で複数呼応するから注意が必要である。これは，警察の活動というのは組織ぐるみのもの，すなわち，警官一人ではなく複数の警官がグループ活動するということが，通例，現実の世界で行われおり，この知識が背景に存在するために，おそらく，police は常に複数扱いされるものと推測される。

7　it と that の違い

　この節では，代名詞 it と that の違いに関して見ていくことにしよう。「これらの代名詞には大差がなく，たいていの場合，いずれを用いてもよい」というような認識を持っている向きもあろう。しかし，it と that は自由に交換可能な代名詞ではない。

　以下で，it と that を比較しながら，両者の違いに迫ることにしよう。

(13) a. First square 19 and then cube **it**.

　　b. First square 19 and then cube **that**.

(13a) も (13b) も日本語に訳すと,「まず 19 を二乗して,それからそれを三乗しなさい」ということになる。しかし,この日本語訳からは,実際,(13a) と (13b) の違いが分からない。

それでは,(13a) と (13b) とはどのように違っているのであろうか。(13a) では代名詞 it が用いられているが,it に対しては,「19」を指示するとする解釈,あるいは「19 を二乗した後の数」を指示する解釈のいずれも可能である。説明的な訳をしてみると,「まず 19 を二乗しなさい,それからその二乗した数字をさらに三乗しなさい」という解釈と「まず 19 を二乗しなさい,それから 19 を三乗しなさい」のいずれかの解釈が可能であるということである。

それに対して,(13b) の that に関しては,「19 を二乗した後の数」の解釈だけが適用される。このように,that が指示する対象は 1 つのものということになる。

以上のように,it と that が微妙に使い分けられていることが確認できる。

では,次の例文に関してはどうであろうか。

(14) A: Guess what! I passed my French test!
　　　B: ***It**'s wonderful.

(15) A: Guess what! I passed my French test!

B: **That**'s wonderful.

同じ文脈において，AにたいするBの答えとしてthatのみがふさわしいことが（15）から確認できる。

　代名詞itは，話し手の知識の中枢に入り込んでいる中心的な情報あるいは処理済みの情報を指示するのに用いられる。

　一方，thatは，話し手の知識の浅いレベルで処理されるやや周辺的な情報あるいは処理中の情報を指示するのに用いられるという。この理由で，itは話し手が発話する前から持っている情報を言うのに適しているが，thatはそうではないということになる。したがって，（15）に見られるAとBのやりとりが自然であるのは，Aの発話内容がBにとって新情報であるからである。

　他方，（14）に関しては，Aの発話内容は，Aがフランス語のテストに合格したことをBが知らないと思っている内容なので，itを用いているBの発話は不自然に響くわけである。

　さらに，itとthatに関して以下で観察することにしよう。

(16)　A:　Pot smoking is punished by a fine of 1,000 dollars here.
　　　B:　(a)　**It**'s absurd.
　　　　　(b)　**That**'s absurd.

（16a）と（16b）を日本語に訳し分けることは難しいように思われる。どちらの文も「それはばかげている」のような訳になるで

あろう。

　しかし，上でも見たように，it と that ははっきり区別されて使用されていることに注意しなければならない。上の (16) の例で，A の「当地ではマリファナを吸うと千ドルの罰金が課せられる」という発言に対して，(a) と (b) いずれの表現も可能である。

　英語のネイティブスピーカーではないわれわれにとっては，it も that も同じような単語に見える。それゆえ，それらの違いに関する注目度が低い傾向にあるように思われるが，実際には，微妙に両者が使い分けられていることは上で見た通りである。上で少し触れたように，it は，すでに話し手の知識となっている情報に言及する際に用いられるのに対して that は，話し手にとって新しい情報に言及するのに用いられる。

　要するに，話し手にとって既知の情報について述べる場合には it が使用され，話し手にとって未知の情報について述べる場合には，that が使用されるとしてよいであろう。

　そうすると，(16B(a)) の話し手は，(16A) が述べた内容をすでに知っていることをベースに「それはばかげている。」と言っていることになる。それに対して，(16B(b)) の話し手は，初めて (16A) が述べたことを耳にして，「それはばかげている」と言っているということになる。

　では，次のペアの文の違いについてはどうであろうか。

(17) a. **It**'s nothing.
　　b. **That**'s nothing.

(17a) は，「いやお礼を言っていただく［ほめていただく］ほどのことではありません」「別になんてことありませんよ」のようなお礼，ほめ言葉あるいは謝罪に対する表現として用いられる。

それに対して (17b) は，「そんなことはたいしたした事ではない」と相手をけなす表現として用いられる。

では，次の (18b) と (18c) の違いについてはどうであろうか。

(18) a. Simplified English disallows the use of passive, progressive, and perfective auxiliary verbs, among others.
　　b. **It** requires engineers to break up long compound nouns and technical expressions into chunks of three or less elements.
　　c. **This** requires engineers to break up long compound nouns and technical expressions into chunks of three or less elements.

(18b) と (18c) の違いは，文頭でそれぞれ it と this が用いられている点のみである。しかし，自然な解釈の下では，それぞれの代名詞が指示する範囲が違うとされる。

(18b) の it は，(18a) の文の主語である simplified English を指示する。その一方，(18c) の this は，(18a) の文全体の内容を受けるとする解釈が最も優先されるという。

このように，it と this という一見取るに足らないように見える代名詞であっても，文の解釈に大きく影響を与えることがあることが理解できるであろう。

8 否定語 no と not の違い

ここで話題を変えて，次のペアの文の違いについて考えてみることにしよう。

(19) a. **No pitchers are wanted** on our team.
　　b. **Pitchers are not wanted** on our team.

(19a) と (19b) いずれも「ピッチャーはいらない」ことを表明している点で違いはない。

しかし，(19a) は，単に「ピッチャーはいらない」と述べているのに対して，(19b) は，「ピッチャーはいらない」が「(たとえば) キャッチャーがいる」ことを含意する。

(19a) と (19b) では，複数形の pitchers が用いられているが，これは複数のピッチャーが問題となっているからであると説明できる。いずれの場合も，複数のピッチャーがチームに必要で

あるという事態があったけれども，現時点ではもうすでにその数のピッチャーはチームに存在しているのでこれ以上必要はないという解釈が可能である。

では，次の (19a) と (19b) の類似表現である (20a) と (20b) の違いについてはどうであろうか。

(20) a. **No pitcher is wanted** on our team.
　　 b. **A pitcher is not wanted** on our team.

(20a) は，ただ「ピッチャーはいらない」ことを述べているだけだが，(20b) は，(19b) と同様に「ピッチャーはいらない（しかしキャッチャーがいる）」のような含意を持つ。

これらの文では，単数形の pitcher が用いられているが，これはピッチャーが一人必要だったが，現時点ではその必要なピッチャーを一人確保できており，もう必要ではないということが述べられていることになる。

練習問題

1. 次の (a) と (b) の違いについて説明しなさい。

(a) You should take medicine which is good for you.

(b) You should take the medicine which is good for you.

2. 次の括弧内には不定冠詞, 定冠詞, ゼロ冠詞のどれが入るか答えなさい。

(a) Kate greeted me with (　　) warmth.

(b) Kate greeted me with (　　) warmth that was surprising.

(c) Kate greeted me with (　　) warmth that I was accustomed to.

3. 次の (a) (b) (c) の3つの文の間の違いについて説明しなさい。

(a) A beaver builds dams.

(b) The beaver builds dams.

(c) Beavers build dams.

4. 次の (a) と (b) の違いについて説明しなさい。
- (a) I couldn't sleep last night. The dog next door kept me awake.
- (b) I couldn't sleep last night. That dog next door kept me awake.

5. 次の (a) と (b) の違いについて説明しなさい。
- (a) John has a few books.
- (b) John has few books.

6. 次の (a) と (b) の違いについて説明しなさい。
- (a) John told a story which greatly surprised them.
- (b) John told a story, which greatly surprised them.

7. 次の (a) と (b) の違いについて説明しなさい。
- (a) Sam believes that some drugs are in short supply.
- (b) Sam believes that there are some drugs in short supply.

8. 次の (a) と (b) の違いについて説明しなさい。
- (a) I admired Ann's speaking of French.
- (b) I admired Ann's speaking French.

9. 次の (a) と (b) の違いについて説明しなさい。

   (a) John and his brother are thieves.

   (b) John and his brothers are a couple of thieves.

10. 次の (a) と (b) の違いについて説明しなさい。

   (a) No assistant are needed in this lab.

   (b) An assistant is not needed in this lab.

11. 次の (a) と (b) の違いについて説明しなさい。

   (a) There are many men in the room.

   (b) Many men are in the room.

12. 次の (a) と (b) の違いについて説明しなさい。

   (a) There is a sick boy in the room.

   (b) There is a boy sick in the room.

第II部

形容詞・副詞とその周辺をめぐって

　第II部では，形容詞と副詞とその周辺に関して観察をしていくことにする。前半部では，さまざまな類義語関係にある形容詞について考察した後，形容詞を中心とする構文や形容詞の限定用法・叙述用法について見る。そして後半部では，副詞（語句）の類義語や用法について観察を行うことにする。

第10章 類義語関係にある形容詞に関して

1 able と capable の違い

次の (1) を見てみよう。

(1) a. Tom is an **able** photographer.
b. Tom is a **capable** photographer.

(1a) も (1b) もトムの有能さを讃えた表現であるが，両者には微妙なニュアンスの違いがある。

able は，期待される一定の基準を超えて個人の能力や技術がすぐれていることを表し，必要とされる能力に重点が置かれている。

一方，capable は，個人が特定の仕事や作業などをするのにふさわしい有能さを備えていることを表し，適性・十分な能力・素質に重点が置かれている。また，capable は able よりも具体的，現実的な評価を表す。

(1a) は，トムが写真家としての十分な能力を持っていること

を述べており,「トムは有能な写真家だ」と訳すことができる。他方,(1b) は,写真に関する技術はもちろんのこと臨機応変に物事に対処することができる人物であるという印象を与える表現であり「トムは腕利きの写真家だ」と日本語訳できるであろう。

それでは,次の (2a) と (2b) についてはどうであろうか。

(2) a. Sue is an **able** teacher.
　　b. Sue is a **capable** teacher.

(2a) も (2b) も「スーは有能な(実力のある)教師だ」を意味するが,(2b) のほうが教師としての実力だけではなく,人間的にも優れていることを認めているようなニュアンスが感じられる。

ちなみに,able と capable に並んで,competent も「有能な」「能力のある」の意味で用いられる。competent は,一定の仕事をそつなくこなすための十分な技術を持っていることを表すが,しばしば,設定された基準に合致するだけというマイナスのニュアンスを含む場合もある。たとえば,Sue is a *competent* teacher. は,「経験もあり十分な訓練を積んだ有能な教師」を意味するが,時として of a good standard but not very good ということを匂わせるということもある。その場合,Sue is a competent teacher. は,「「彼女は教師としての基準は十分に満たしてはいるけれどいまひとつ」という感じで用いられることになる。

2　afraid と frightened の違い

次の (3) を見てみよう。

(3) a.　Little Jenny is **afraid** of dogs.
　　b.　Little Jenny is **frightened** of dogs.

(3a) と (3b) のどちらも「幼いジェニーは犬を怖がっている」ことを言い表しているが，afraid は，恐怖を表す一般的な語であるのに対して，frightened は，体の震えを伴うような激しい恐怖を表す語であるところが両者の違いということになる。

このほか，インフォーマルな話し言葉としてよく用いられるのは scared で，これも be scared of 〜 の形で，多くの場合小さな恐怖について述べるのに用いられる。したがって，(3a) と (3b) と同じ内容は，くだけた口語表現の Little Jenny is *scared* of dogs. で表現することもできる。

「おびえた小さな女の子」を英語に直すと，a frightened little girl あるいは a scared little girl となるが，*an afraid little girl とは言うことはできない。これが，afraid と frightened, scared との違いということになる。

「〜を恐れる」ことは be afraid [frightened, scared] of 〜 の形で表現されるが，身の危険にさらされている，あるいは苦しい目にあっていることは，be afraid [frightened, scared] to do 〜 の

形で表現される。たとえば、He was afraid [frightened, scared] to open the door.(彼はドアを開けるのを怖がっていた)からは、he が身の危険を感じていた様子がうかがえる。

　恐怖の観念を表す上記以外の形容詞には、fearful があるが、これはフォーマルな堅い語であり、afraid などと同じように、be fearful of 〜の形で用いられる。たとえば、He was *fearful* of making the same mistake.(彼は同じ間違いをすることを恐れた) のように表現される。

　また、「非常に怖がる」あるいは「非常におびえる」ことを表す語に terrified がある。

> The child is completely *terrified* of him.
> (その子どもは全く彼のことを怖がっている)
> She was *terrified* at the possibility that her son might have a car accident.
> (彼女は息子が自動車事故を起こしはしまいかと非常にびくびくしていた)

などがその例となる。さらに、恐怖ですくんでしまう様子は、petrified で表現されるが、その定義は、extremely frightened である。したがって、She was *petrified* with fear. は、「彼女は怖くてすくんでしまった」を意味することになる。

3　best と greatest の違い

次の (4) を見てみよう。

(4) a.　Henry is one of the **best** tennis players I know.
    b.　Henry is one of the **greatest** tennis players I know.

best は，言うまでもなく good の最上級であるから，「最高の」「最も良い」「最も優れた」を意味するが，この語は，最高の人物やモノあるいは事に用いる一般的な形容詞で「他と比較して一番よい」ことを意味する。

したがって，(4a) は，「ヘンリーは私が知っている最も優れたテニスプレーヤーの一人です」を意味し，テニスのプレーに必要な優れた技術・腕前に言及するのに best が用いられている。

一方，greatest は，もちろん great の最上級で，スポーツ選手，政治家，あるいは芸術家などの業績がそれぞれの分野において最も偉大であることを述べるのに使用される。(4b) は，「ヘンリーは私が知っている最も偉大なテニスプレーヤーの一人だ」を意味するわけだが，この文は，特にヘンリーの残した偉大な業績に言及している。

したがって，best は「技術」を意識している場合に，また，greatest は「業績」を意識している場合に使われるとしてよいように思われる。ただし，原級の great が She's great at chess. と

第 10 章　類義語関係にある形容詞に関して　　105

いった文で用いられると技術に言及することもあることも事実である。

　また，best は，best friends のように，closest friends の意味でよく用いられる。good friends なら，単に「親友」だが，best friends は，「大親友」ということになるであろう。しかし，実際は，greatest friends も best friends と同じ意味で用いられており，頻度としては，best friends のほうが圧倒的に多いようである。たとえば，Nancy and I are **best** friends. や I have lost one of my **greatest** friends I've ever had in my life. といった文の中でそれぞれの表現が用いられる。

　ついでながら，finest という形容詞も，「一番良い」ことを意味する。この形容詞と結びつく名詞には，芸能あるいは芸術関係の人物，たとえば，

　　America's *finest* actress, Meryl Streep
　　（アメリカの最も素晴らしい女優，メリル・ストリープ）
　　the *finest* musicians（最も優れた音楽家たち）

学校，レストランなどの場所，たとえば，

　　one of the *finest* restaurants in town
　　（町の最高級のレストランの１つ）

食べ物や飲み物，たとえば，

the *finest* wine（最高級のワイン）

などの描写に幅広く使われている。

4　big と large の違い

次の (5) を見てみよう。

(5) a.　Tom is a **big** man.
　　b.　Tom is a **large** man.

big は，主観的にあるモノの大きさを判断するのに用いられるが，large は，あるモノの大きさを客観的に述べるのにふさわしい形容詞である。

(5a) は単に「トムは体が大きいこと」を主観的に述べている文だが，時として，「スケールの大きい男」というような抽象的な意味を表すこともある。それに対して，(5b) は客観的に見て，「トムは体が大きい」という事実の描写をするにとどまっている。

big と large に関しては，big のほうが話し言葉でよく用いられ，large は書き言葉で用いられる頻度が高いという違いがある。また，big は，deal, mistake, difference などの語とよく結びつき，一方，large は，number, quantity, amount などの数量を表す語とよく結びつく。

ここで a big city と a large city の違いについて見ておくと, 前者は,「大都会」, 後者は,「居住者の数が多い都市」をそれぞれ意味する。また, a big country は,「大国」であり a large country は,「(面積の) 広い国」である。なお, large は, 内容的に量が多いことだけでなく, 多量な内容を受け入れる態勢にあることも表し, その受け入れる内容も一種類に限らず広いことを暗示するとされる。

では, 次の (6a) と (6b) の違いについてはどうであろうか。

(6) a. Tom is a **big** importer.
　　b. Tom is a **large** importer.

(6a) は, Tom が名の知れた輸入商であるとか, 輸入商として重要人物であることを, 一方 (6b) は, Tom が輸入商として広範囲に渡る物品を扱っていることを示している。

5　curious と inquisitive の違い

次の (7) を見てみよう。

(7) a. John is **curious** about everything.
　　b. John is **inquisitive** about everything.

(7a) と (7b) のいずれの文も「ジョンは何でも知りたがる」と

いうことを意味しているが，両者にはニュアンスの違いが存在する。

　Oxford Advanced Learner's Dictionary 第8版（以後 OALD と略す）によると，curious の定義は，having a strong desire to know sth とあるので，この形容詞は，何かを知りたい気持ちが強いこと，つまり，好奇心が強いことを表すことになる。

　一方，inquisitive の定義は，OALD によると，(disapproving) asking too many questions and trying to find out about what other people are doing, etc. とある。この定義から明らかなように，inquisitive は，好奇心の強さを言い表してはいるけれども，これは，詮索好き，つまり根掘り葉掘り聞くような人のことについて用いられる形容詞であることが分かる。

　そうすると (7a) は，中立的 (neutral) あるいは良い意味で用いられるが，(7b) は文主語 John を否定的に見ていることを表明しているということになる。curious の後には about のような前置詞以外に，to 不定詞がくることもある。たとえば，I'm **curious** to know who the man is.（その男がだれか知りたい）といった表現もある。

　一方，(7b) のように inquisitive の後には about がくることがあっても to 不定詞は許されない。したがって，*I'm inquisitive to know who the man is. と言うことはできず，I'm **inquisitive** about who the man is. としなければならない。

　また，curious の名詞形の curiosity を用いた，Curiosity killed

the cat. なる表現があるが，これは，「好奇心もほどほどに」「よけいな詮索はするな」「好奇心は身の毒」を意味することわざである。

このほか「詮索好きな」ことを表す形容詞には，nosy (*or* nosey) があるが，この語は informal な単語でマイナスの意味合いがある。たとえば，「そんなに詮索するのは止めて。あなたの知ったことではない」は，Don't be so **nosy**—it's none of your business. と表現できる。

nosy (*or* nosey) の名詞形は nose（鼻）であり，英語では，「鼻」が「詮索好き」「おせっかい」を連想させる単語と言われている。名詞の nose を使った poke one's nose into ～ という口語表現がある。これは「（他人の内緒ごとを）詮索する」「（関係のないことに）首を突っ込む」「おせっかいをやく」を意味する。たとえば，「彼女はいつも何でも首を突っ込んで詮索したがる」を英語にすると，She is always poking her nose into everything. となる。

6　damp と humid の違い

次の (8) を見てみよう。

(8) a.　It's very **damp** today, isn't it?
　　b.　It's very **humid** today, isn't it?

(8a) と (8b) を日本語に訳すと，それぞれ「今日は湿度がとても高いですね」となるが，(8a) の damp と (8b) の humid とでは使われ方に違いがある。

damp は主に冬場の湿気が多い時に用いられるのに対して，humid は夏場の湿気が多い時に用いられ，いずれもしばしば不快さを表す。

OALD では，damp は，slightly wet, often in a way that is unpleasant と定義されている。一方，humid は，warm and damp と定義されている。

damp は，a *damp* cloth（湿った布），a *damp* towel（濡れタオル），Her hair is still *damp*.（彼女の髪はまだ濡れている），*damp* air（湿っぽい空気），*damp* soil（湿地）などのように，布，タオル，髪，空気，土などを修飾するのに多く用いられるが，その一方，humid は，主に気象について言うのに使われ，たとえば，*humid* air（（人を不快にするような）湿った空気），a *humid* climate（湿気の多い気候）のような表現がなされる。

「今日は蒸し暑い」を英語に直すと，It's **hot and humid** today.，「今日はムシムシする」は It's **humid and muggy** today. となる。この文では形容詞の muggy が使われているが，この形容詞の定義は，OALD では，warm and damp in an unpleasant way とある。muggy は，もっぱら weather（天気，天候）に関して言う語で「じめじめして」「うっとうしい」「蒸し暑い」の日本語が対応する。

また，moist も slightly wet を意味する形容詞で，これは土壌，空気，身体部分などが適度な湿り気を帯びていることを表す。たとえば，*moist* ground（湿った大地），a *moist* air（湿っぽい空気），a *moist* climate（温潤な気候）がその例である。damp はじめじめした不快な感じを示すのに対して，moist は，ほどよい湿気を含意する。したがって，*moist* air は，ほどよい湿気を含んだ空気に言及し，She brought me a *moist* towel. は，「彼女が湿りタオルを持って来てくれた」ことを表し，タオルの湿り具合は程よいものであったことが含意される。この形容詞は，wet（濡れた）や soggy（べしょべしょの，ねっとりした）ほどは濡れてはいないことを表す。

7　difficult と hard の違い

　次の (9) を見てみよう。

(9) a.　John is faced with a **difficult** problem.
　　b.　John is faced with a **hard** problem.

(9a) と (9b) はともに「ジョンは困難な問題に直面している」ことを意味するが，ここでは可能な限り difficult と hard の微妙な違いについて考えてみることにしよう。

　まず，「難しい」を意味する difficult と hard は，difficult のほ

うがhardに比べてやや堅い語であり，hardのほうが口語的なくだけた語であるという違いがある。このような文体上の違いもあるが，difficultは，何かを行う際に複雑な技術や能力を必要とする，あるいは，何かを理解する際に思考力や判断力を要することを強調するのに用いられる。

　他方，hardは，何かを行う際に困難であったり，たとえば，金銭的に困っているといった問題についてその状況の厳しさ，辛さを表現するのに使用される。また，hardは，ものすごい努力を必要とすることを表し，肉体的に「骨が折れてきつい」といったニュアンスを表すこともある。

　ここでさらに（9a）と（9b）の類似表現を見ておくことにしよう。

(10) a.　John will have to do **difficult** work.
　　 b.　John will have to do **hard** work.

あえて日本語に訳すと，difficult workは「困難な仕事」，hard workは「重労働，激しい仕事」あたりということになるであろうか。しかし，明確にdifficultとhardに線引きをすることができないので，（10a）と（10b）との間に意味的に大差はないとしてよいであろう。あえて言えば，話し手は，difficultを使って事の深刻さを述べている感じがするが，hardを用いれば，日常的なことを話題にしている感じがするということになるであろう。

　実際，たとえば，

> I had a **difficult** time understanding what she was thinking.
>
> I had a **hard** time understanding what she was thinking.
>
> It was a **difficult** decision to make.
>
> It was a **hard** decision to make.

のような表現間にはほとんど意味的な違いはないであろう。また，This is going to be **hard** and **difficult** work. からは，仕事の困難さと肉体的な辛さが感じられるであろう。

8 eager と anxious の違い

次の (11) を見てみよう。

(11) a. Sue is **eager** to go to England.
　　 b. Sue is **enthusiastic** about going to England.

OALD によると，eager の定義は，very interested and excited by sth that is going to happen or about sth that you want to do であり，一方，enthusiastic は，feeling or showing a lot of excitement and interest about sb/sth となっている。

もちろん，(11a) と (11b) のいずれも「スーが英国に非常に行きたがっている」ことを意味するわけだが，熱心さの度合いと

いう点で eager と enthusiastic の間には少し違いが認められる。eager は「熱望した」「熱心な」の日本語が対応し，一方，enthusiastic は「熱烈な」「熱狂的な」の日本語が対応するので，enthusiastic のほうが熱心さの度合いが高いことになる。

また，enthusiastic は eager よりも惜しみない気持ちを表すと言われている。enthusiastic は，すでに経験したものに対して賛成や支持の態度を表明するのに用いられる。たとえば，*enthusiastic* support（熱烈な支持），*enthusiastic* applause（熱烈な拍手），*enthusiastic* approbation（熱狂的な賛同）などがその例となる。

他方，anxious も，wanting sth very much を意味するので，(11a) のように，Sue is **anxious** to go to England. と言って「英国行きを熱心に望んでいる」ことを表明することができるわけである。ただし，anxious の場合は，望んでいる事柄が実現しないかもしれないという懸念の気持ちを暗示しているところが eager と enthusiastic との違いと言える。

ついでながら，上で見た形容詞以外に，keen も be keen that 節の形で「〜することに熱心である」こと，あるいは，「〜を切望している」ことを表す。たとえば，

She's *keen* that her son (should) pass the entrance examination.
（彼女は息子が入学試験に合格することを切に望んでいる）
We're *keen* that we (should) have Mike on our soccer

team.

（私たちは私たちのサッカーチームにマイクを迎えたい気持ちでいっぱいだ）

のように keen は用いられる。

また，be keen to ～ で，「～を非常にしたいと思う」を意味するので，Sue is *keen* to go to England. と言うと「スーは何が何でも英国に行きたがっている」ことを表すことになる。keen は，このように，すぐにでも何がしかの事を行いたいという積極的な気持ちを表すのに適しているとされる。

9　empty と vacant の違い

次の（12）を見てみよう。

(12) a.　The apartment is **empty**.
　　 b.　The apartment is **vacant**.

empty も vacant もともに「中身がない」あるいは「空の状態」を表す形容詞である。

しかし，empty は，OALD によると，with no people or things inside がその第一義で，「中には誰もいない，あるいは何もない」状態を表す。一方，vacant は，OALD によると，(of a seat, hotel room, house, etc.) empty; not being used と定義されており，「(座席，ホテルの部屋，家，などに) 誰もいない，または何もない状態」あるいは「(それらが) 使用されていない状態」を表す。

empty と vacant の違いについてだが，empty は「一時的に誰もいない，あるいは何もない状態」あるいは「当然中にあるべきものがない状態」を表す。それに対して，vacant は「最初から適当な人や物がなく，そこが無駄になっている状態」を表す。

(12a) は，「そのアパートには誰もいない [人気がない]」ことを表しているが，これは発話の時点でそうであると述べているだけであり，その後で住人が帰って来るような可能性を暗示する文であることになる。さらに，(12a) に対して，アパートに当然あると考えられる家具がないという解釈も可能である。したがって，an *empty* apartment は，「家具のないアパート」の意味で用いられる。

他方 (12b) も，「そのアパートには誰もいない」と言っているが，この場合アパートが「空き家」の状態になっていると述べている。つまり，借家人がいないことを表しているということである。

ここでさらに次のペアの文の違いについて考えてみることにしよう。

(13) a. The movie theater was **empty**.
 b. The movie theater was **vacant**.

(13a) は「その映画館はガラガラであった」を，また (13b) は「その映画館は使用されていなかった」をそれぞれ意味する。

なお，empty は比喩表現によく見られるが，vacant は文字通り「空」の状態を示す。たとえば，*empty* promise（から約束），*empty* threat（こけ脅し）とは言うが，*vacant promise, *vacant pleasure と言うことはできない。

10 expensive と costly の違い

次の (14) を見てみよう。

(14) a. It's **expensive** to live in San Francisco.
    b. It's **costly** to live in San Francisco.

(14a) と (14b) のいずれも「サンフランシスコに住むのは高くつく」ことを言い表している。

しかし，expensive は，costing a lot of money, つまり，単に「多くのお金がかかる」ことを意味するのに対して，costly は，costing a lot of money, especially more than you want to pay を意味する。すなわち，costly には，「支払うつもりをしている以上の金額がかかる」という意味合いがある。

このように，expensive と同様に costly も「高価な」を意味するが，思っている額よりも高いというような場面で costly が用

いられるのがふさわしいということであり，この点が costly と expensive の違いということになる。したがって，(14b) からは「サンフランシスコでの生活は思っていた以上に費用がかかる」という話し手の気持ちが感じられるということになる。

ついでながら，expensive は「品物」が高い時に用いられる。たとえば，「そのバッグは値段が高い」は，The bag is *expensive*. と表現できるが，high を用いると，The bag is *high* in price. あるいは，The price of the bag is *high*. となる。また，「高い給料」は *high* salary であって，*expensive salary とは言わない。

ちなみに，cheap と low についても同様に，「そのバッグは安い」は，The bag is *cheap*., The bag is *cheap* in price. あるいは The price of the bag is *low*. となる。

expensive に関連して cheap については，イギリス英語とアメリカ英語でニュアンスに差があることが指摘されている。イギリス英語では，cheap は，単に「価格が低い」ことを意味するのに対して，アメリカ英語では，たとえば，It was just a bottle of *cheap* perfume. (それはただの安っぽい香水だった) に見られるように何かの質が悪いことを言う場合にも，cheap が用いられる。イギリス英語では，安くて質が悪いことは，cheap and nasty で表現される。たとえば，It was a *cheap and nasty* red wine. (それは安くて質の悪い赤ワインだった) の例を1つ挙げておく。

11　famous と notorious の違い

次の (15) を見てみよう。

(15) a. He was **notorious** for never tipping anyone.
　　 b. He was **famous** for his learning.

(15a) は「彼は誰にもチップを渡さないことで有名だった」ことを，また (15b) は「彼は博識で有名だった」ことを意味する。

(15a) の notorious は，悪いことで「有名である」ことを，また，(15b) の famous は，通例，良いことで「有名である」ことを表す。

「悪名高い」ことを表す形容詞には，notorious 以外には infamous があるが，これは notorious よりもやや文語的な響きがすると言われている（例：He was *infamous* for his cruelty.（彼はその残忍さで悪名高かった））。

実際，「有名な」を意味する形容詞には，famous のほかに，renowned, well-known, noted, celebrated などがある。renowned は，「非常に名声の高い」ことを意味し，a *renowned* author（有名な作家）のように限定用法でも，また He was *renowned* for his integrity.（彼はその高潔さで有名だった）のように叙述用法でも用いられる。

また，well-known も同様に，a *well-known* athlete（有名な運

動家）のように限定用法でも，また，The actress is *well-known* for her beauty and style.（その女優は美しさと上品さで有名だ）のように叙述用法でも用いられる。

noted は，人が特別な技能［技術］や特別な特徴を備えていることを描写するのに用いられる堅い語である。この noted も a *noted* singer（有名な歌手）のような限定用法でも，また，He was *noted* for his ability to speak eight languages.（彼は 8 カ国語を話せる能力で有名だった）のような叙述用法でも用いられる。

celebrated はすぐれた資質で「有名である」ことを指す形容詞で，たとえば，a *celebrated* statesman（有名な政治家），He was *celebrated* for his courage.（彼はその勇気で有名だった）のように用いられる。

なお，famous は，確かに通例は，良い意味で使われるわけであるが，時として良くない意味で使われる場合もある。次の文は，良い意味で「有名である」とは考えにくい famous の例のように思われる。

The neighborhood in New York is **famous** for producing gangsters.
（ニューヨークのその地域はギャングを生み出していることで有名だ）

12 fluent と eloquent の違い

次の (16) を見てみよう。

(16) a.　John is a **fluent** speaker.
　　 b.　John is an **eloquent** speaker.

(16a) の fluent と (16b) の eloquent にはどのような違いがあるのであろうか。

fluent は，言葉が滑らかで言いよどみがないことを表すが，必ずしも話す内容に中身が伴っているとは限らないとされる。fluent に「流暢な」という日本語訳が与えられているが，fluent の flu- は「流れる (flow)」を意味する語幹であり，-ent は「性質」を表す接尾辞であるから，まさに「流暢な」という訳語がぴったりだと言えるだろう。したがって，(16a) は，「ジョンは能弁な人であること」を意味し，ジョンがよどみのない巧みな弁舌を振るうことを述べていることになる。

一方，eloquent は，ラテン語の eloquentem (大声で話す) に由来すると言われているが，この形容詞は，OALD の定義によると，able to use language and express your opinions well, especially when you are speaking in public とある。日本語で eloquent は「雄弁な」「口が立つ」などと訳されるにふさわしいことが分かる。したがって，(16b) は，「ジョンがよくしゃべり説

得力のある弁舌を振るう」ことを，つまり「ジョンは雄弁家」であることを意味していることになる。この形容詞は人前で説得力を伴って自分の意見を力強く伝えることを述べる場合に適切に用いられることになろう。

fluent と eloquent 以外には，glib や talkative のような形容詞がある。

glib の定義は OALD では，using words that are clever, but are not sincere, and do not show much thought とあるので，言葉がうわべだけで誠意のないことを言うのに使われることが分かる。したがって，べらべらと口先だけの不誠実なセールスマンは，a glib salesman と表現される。

また，talkative の定義は，OALD によると liking to talk a lot とあるので，この形容詞は「話し好き」であることを意味することが分かる。口数が多い，つまりおしゃべりな人物の描写にこの形容詞がぴったりというわけである。この形容詞は，たとえば，She's *talkative*. と叙述的に使われることもあれば，He is a *talkative* man. と限定的に使われることもある。

13　frank と candid の違い

次の (17) を見てみよう。

(17) a. To be **frank** with you, I disagree with your opinion.
　　b. To be **candid** with you, I disagree with your opinion.

(17a) と (17b) はともに，日本語に訳すと，「率直に言わせてもらうと，私はあなたの意見に反対です」となる。

　(17a) の to be frank with you と (17b) の to be candid with you は，ほぼ同じ意味を表すとしてよいのだが，ここでは，frank と candid の表す微妙なニュアンスの違いについて考えてみることにしよう。

　まず，frank についてだが，これは自分の言いたいことや感情を遠慮なく自由に言うことを強調する語であり，時として相手に対する気遣いを示さず不快感を与えることを暗示することもある。

　一方，candid は，特に相手にとってありがたくない批判やいやな意見を述べることを言うのに用いられるが，はぐらかしたり，ごまかしたりしない正直さや誠実さを暗示しているというところがこの語の特徴と言えるであろう。

　「率直な」「ざっくばらんな」を意味する形容詞は，frank や candid 以外には open がある。この形容詞は，人柄について，隠し立てしない率直さを表す好意的な語である。たとえば，I'll be *open* with you about it.（そのことについてあなたに率直に話します）のように用いられる。しかし，この形容詞は，時として率

直さや正直さを含意するが, frank よりも稚拙さや無邪気さを, また, candid ほどのまじめさあるいは真剣さを暗示しないことがある。たとえば, Young children are *open* and artless in saying what they think.（小さな子どもは思っていることを言う時あからさまで飾らない）がそのような例である。

以上の frank, candid, open 以外には, plain と outspoken も「率直さ」に言及する類義語である。

形容詞 plain は, 思っていることを包み隠すことなくずけずけと言うことを表す語である。たとえば, The *plain* truth is, there's no miracle cure and no miracle diet.（ありのままの事実は, 特効薬はないし驚異的治療法もないということだ）のように使われる。

また, outspoken は, 他人にショックを与えたり怒らせたりしてもずばずばと遠慮なくものを言うことを意味する。例文を1つ挙げておく。

He was *outspoken* in his criticism about the TV program.
（彼はそのテレビ番組について批判を言いたい放題だった）

14　grateful と thankful の違い

次の (18) を見てみよう。

(18) a.　I'm **grateful** to you for your help.

b. I'm **thankful** to you for your help.

(18a) と (18b) はともに「手伝って下さって感謝しています」を意味するが，(18a) の grateful は，主に人の好意や親切に対する感謝を述べたり，あるいは何かの出来事や状態をありがたく思うことを表明するのに用いられる。一方 (18b) の thankful は，人の好意や親切に対してだけではなく，神や自然，あるいは運命に対して感謝する場合にも用いられる。一般的には，(18a) と (18b) はともに Thank you for your help. に比べて改まった場面で用いられる。以下で，両語に関する OALD の定義を見ることにしよう。

grateful の定義は，OALD によると feeling or showing thanks because sb has done sth kind for you or has done as you asked とある。つまり，誰かが親切なことをしてくれたことに対してあるいは誰かにお願いしたことをその人がしてくれたことに対して，感謝の気持ちを感じたり，述べたりすることを gratefull は表すということになる。この形容詞は，たとえば，手紙などで I would be **grateful** if you could contact me as soon as possible.（できるだけ早くご連絡をいただければ幸甚に存じます）のように用いられる。I would be **grateful** if you could [would] 〜 という言い回しは，形式的で丁寧な表現として便利であろう。

一方，thankful の定義は，OALD によると pleased about sth good that has happened, or sth bad that has not happened と

ある。つまり，何か良いことが起こってそのことを喜んでいる，あるいは悪いことが起こらなかったことを喜んでいることを述べるのに thankful が用いられるということになる。

　もともと grateful は「喜びを与える」を意味するラテン語の gratus に由来すると言われている。一方，thankful の thank は，もともと favorable thought or feeling（好ましい考えあるいは感情）を意味していたとされる。

　したがって，grateful は「喜び」を，また thankful は「好ましい思い」を表すのがその本来の姿だったということになるであろう。すると，(18a) は，相手に助けてもらったことを喜んでいるということが根底にあり，それに対して (18b) は，相手に助けてもらったことを好ましいことであると思っている表現ということになりそうである。ただ，実質的には，いずれの表現を用いても感謝の気持ちを表明している点では違いはない。

15　great と big の違い

次の (19) を見てみよう。

(19) a.　Danny is a **big** boy.
　　 b.　Danny is a **great** boy.

(19a) は，「ダニーは体の大きな少年である」あるいは「ダニー

はもう子どもでない（もう一人でできるでしょ，という感じ）」のいずれかの解釈が可能である。一方（19b）は，「ダニーは偉大な少年である」ことを意味する。

　すでに上で見たように，big は，「大きさ」「重要さ」を表すのに最もよく用いられる口語的な形容詞である。それに対して，great は，モノや事の「大きさ」「重要さ」「偉大さ」を述べる話し手の主観的な判断を表す形容詞である。

　また，big と great は何かが量的にも質的にも「大きい」ことを表す語であるが，large は，広さや量の程度が「大きい」ことを客観的に示すのが通例である。たとえば，a big hall, a great hall また a large hall はすべてホールの広さ・大きさを表す。しかし，a great joy, a big joy に関しては，joy が抽象名詞であるのでそれぞれが質的な大きさを表していることになるが，large は物理的な大きさのみについて言うので，*a large joy は不適格な表現である。

　big は口語体としては一番頻度が高く，large はやや形式張った語であり，big, large, great の中では，great が一番堅い語である。たとえば，「大問題」を英語にすると，a big problem となるが，これは big が質的な大きさもカバーするからである。その一方で a large problem の例が少ないのは，やはり，large は量的な大きさを表すのが通例だからであると説明できるであろう。また，Danny is a **large** boy. といった例も見られるが，この場合はもっぱら「体の大きさ」のみが問題となっていて，精神面

のことは問題にはなっていないということになろう。

以上のことから，次のペアの文の違いも最早自明であろう。

(20) a. I have a **big** brother.
　　 b. I have a **large** brother.

(20a) は「私には兄がいます」を意味する。その一方 (20b) は，「私には体の大きな兄（あるいは弟）がいます」を意味する。

16　healthy と healthful の違い

次の (21) を見てみよう。

(21) a. We eat only **healthy** food.
　　 b. We eat only **healthful** food.

(21a) と (21b) は，実質的に意味に違いはないとしてよいであろう。つまり，いずれも「私たちは健康によい食べ物だけを食べている」ことを言い表しているわけである。

しかしながら，healthy と healthful を比べた場合，healthy のほうがはるかに使われる範囲が広く，healthful は使われる範囲が限られている。healthy は，肉体的に健康であることだけではなく，精神的にも健康であることを表すが，人間，動物，あるいは組織や制度といったものについて使うことができる。たと

えば,

> He looked *healthy* to me.（彼は健康そうでしたよ）
> It is not *healthy* to bear a grudge for so long.
> （そんなに長い間恨みを抱いているのは健康によくない）
> a *healthy* society（健全な社会）
> a *healthy* attitude（健全な態度）

のように healthy は用いられる。

　それに対して，healthful は，Longman Dictionary of Contemporary English 第 5 版（以後 LDOCE と略す）によると，likely to make you healthy と定義されており，形式張った語であり，*healthful* mountain air の例が挙がっている。また，OALD でも，この形容詞に関して，形式張った語あるいは North America で用いられると説明されている。そして，healthful の定義は，good for your health とある。

　以上のことから，healthful は堅い語であり，「健康によい」「（体を）健康にしそうな」を意味することになる。確かに，healthful と結びつく語は，体の健康に関係するものが圧倒的に多いのは事実であり，

> a *healthful* diet（健康に良い食事）
> *healthful* recipes（体によい調理法）
> a *healthful* breakfast [lunch, dinner]

(健康に良い朝食［昼食，夕食］)

a *healthful* environment（健康に良い環境）

a *healthful* climate（健康によい気候）

などの表現がある。

しかし，healthful も healthy と同様に，肉体以外の健康や健全さを述べる場合に用いられることもある。たとえば，

healthful psychological development（健全な心の発達）

healthful admonition（健全な助言）

healthful decision-making（健全な決心）

healthful places of employment（健全な職場）

などがその例である。なお，healthy と healthful は，It is **healthy** to walk to work.（仕事場まで歩いていくことは体にいいことだ），It is not **healthful** to eat meat row.（肉を生で食べるのは体によくない）のような it 構文においても用いられることを言い添えておく。

17　ill と sick の違い

次の (22) を見てみよう。

(22) a.　John is **ill**.

b.　John is **sick**.

(22a) と (22b) のいずれも「ジョンが病気である」ことを表すが, イギリス英語では, ill のほうが通常よく用いられており, 特に「重病」に言及する場合には ill がもっぱら使われている。したがって, たとえば,「彼女は重病である。」は, *She is seriously sick. ではなく, She is seriously *ill*. と表現されるのが普通ということになる。

　しかしながら, 病気で仕事を休む場合には, sick が用いられ ill が用いられることはない。たとえば,「彼は昨日から病欠している」は, *He has been off ill since yesterday. ではなく, He has been off *sick* since yesterday. と表現される。また,「彼女は電話で病気欠勤を届けた」は, *She called in ill. ではなく, She called in *sick*. となる。

　このように, 病気で学校や仕事を休む場合は, イギリス英語とアメリカ英語ともに sick が用いられる。

　また, ill は, 通例, 名詞の前で使われることはない。したがって, 普通は, *an ill person と言うことはめったにできない。それに対して, sick は, 名詞の前で, a sick person のように用いられる。ただし, 名詞が複数形で ill を修飾する副詞が伴う場合にはその限りではない。たとえば,

　　mentally *ill* people（精神的に病んでいる人々）
　　terminally *ill* patients（末期患者）

がそのような例である。上で述べたように,「病気であること」を表す形容詞は, イギリス英語では, 通常, ill であるのに対して, アメリカ英語では, sick である。アメリカ英語では, ill は sick よりも堅い語であり, また, 非常に深刻な病状にあることを言い表すのに用いられる。

sick に関しては, イギリス英語では, 通例, 主に「吐き気がする」の意味で用いられている。さらに, sick には「(食べた物を)吐く」の意味もあり,「吐く」「もどす」は, アメリカ英語では get *sick* の形で, また, イギリス英語では be sick の形で表現される。また,「吐きそうな気分になる」は, get a *sick* feeling in one's stomach の英語が対応する。たとえば,「彼はその光景に吐きそうな気分になった」を英語に訳すと, He got a *sick* feeling in his stomach at the sight. となる。

18 intelligent と intellectual の違い

次の (23) を見てみよう。

(23) a. Kate is **intelligent**.
  b. Kate is **intellectual**.

(23a) と (23b) は非常に似通った意味を持っているが, どのように違うのであろうか。

まず，intelligent は，OALD の定義では，good at learning, understanding and thinking in a logical way about things とある。また，Oxford Dictionary of English 第 3 版（以後 ODE と略す）の定義では，having or showing intelligence, especially of a high level とある。

すると，intelligent は，「知能が高い」「聡明な」「理解力がある」などの日本語に相当することになるが，この語の特徴として指摘することができる点は，「生まれつきの知力の高さ」を表すという点である。

また，intelligent は (23a) に見られるように，be 動詞の後で叙述的に用いられるのが普通で，an intelligent girl といった限定用法の表現はあまり使われていないようである。

一方，(23b) に見られる intellectual に関してはどうであろうか。OALD によると，この語の 1 番目の定義は [usually before noun] connected with or using a person's ability to think in a logical way and understand things となっており，2 番目の定義は，(of a person) well educated and enjoy activities in which you have to think seriously about things となっている。

したがって，intellectual の第一義は，「知的な」「知性の」の日本語が，また第二義には「教養のある」「理知的な」「聡明な」のような日本語が対応することになる。特に，この語は「十分な教育を受けて知識を蓄えている」こと，あるいは「長期間の研究を必要とする知的なものに興味や能力がある」ことを示すのに用

いられる。したがって，intellectual は intelligent と違って「後天的に身につけた知的能力」を言い表す語であることになる。

(23a) と (23b) を日本語訳してみると，いずれも「ケイトは聡明だ」となる。しかし，(23a) は「ケイトが生まれつき頭がいい」ということを述べている文であり，一方 (23b) は，「ケイトが学問や研究などの知的な生活をしている人物であること」を暗示している文であるところに両者の違いを認めることができるであろう。

また，intellectual は intelligent と違って，たとえば，

 an *intellectual* occupation（知的職業）
 an *intellectual* boy（理知的少年）
 an *intellectual* appetite（知的欲求）

などのように限定用法も広く見られる。この点が，intellectual のもう1つの特徴と言えるだろう。

19 interesting と funny の違い

次の (24) を見てみよう。

(24) a. That's an **interesting** story.
　　 b. That's a **funny** story.

(24a) の interesting と (24b) の funny は，日本語に訳すと，「おもしろい話」となる。しかし，同じ「おもしろい」でも，interesting は「知的関心，興味を引く」という意味での「おもしろい」であり，funny は「笑わせる」「こっけいな」という意味での「おもしろい」である。したがって，(24a) と (24b) は意味的には全く違うことを述べているということになる。

以下で，もう少し詳しくそれぞれの形容詞について見ていくことにしよう。上で述べたように，interesting は知的な関心を引くことを言う場合に用いられるわけだが，とにかく，何かをやっているとわくわくするとか，何かについて考えたり，学んだりすることが楽しいとかいった場合に，interesting が用いられるということである。

この形容詞は限定用法と叙述用法の両方を持っており，前者の例としては，

 an *interesting* book / an *interesting* person

などがあり，後者の例としては，

 It is *interesting* for me to study plants.
 （植物研究は私にとっておもしろい）
 It is *interesting* that he doesn't notice his own faults.
 （彼が自分自身の欠点に気づいていないとはおもしろい）

がある。

一方，funny は，人を笑わせるこっけいさを表す形容詞であるので，この意味では，a *funny* story（笑える話，こっけいな話），He's *funny*.（彼はおもしろい）のように用いられる。しかし，「奇妙な」「変な」「説明がつかない」の意味では，It's *funny* that 〜 の構文で用いられ，たとえば，

It is funny that Mary said such a thing.
（メアリーがそんなことを言ったなんて妙だね）

のように用いられる。

ちなみに，「人を楽しい気分にさせるようなおもしろさ」は amusing が，「人をわくわく，はらはらさせるようなおもしろさ」は exciting が，また特に「芸や音楽で人を楽しませるおもしろさ」は entertaining がそれぞれカバーする。例としては，an *amusing* film [movie], an *exciting* game, an *entertaining* comedy などを挙げておく。

また，fascinating も「非常におもしろい」を意味する形容詞で，a *fascinating* book（たいへんおもしろい本）のように限定的に用いられるほか，It is *fascinating* (to + 人) to 〜 や It is *fascinating* (to + 人) that 〜 のような it 構文においても用いられる。

一例を挙げておく。

It is *fascinating* to watch his magic show.
（彼のマジックショーを見るのはとてもおもしろい）

20　jealous と envious の違い

次の (25) を見てみよう。

(25) a.　John was **jealous** of Paul's success.
　　 b.　John was **envious** of Paul's success.

(25a) と (25b) はともに「ジョンはポールの成功がねたましかった」と日本語訳できるが, 両者には微妙に意味的な違いがある。

まず, (25a) の jealous についてであるが, この語の定義は, OALD によると feeling angry or unhappy because you wish you had sth that sb else has とある。また, ODE では, feeling or showing an envious resentment of someone or their achievements, possessions, or perceived advantages と定義されている。すると他人の業績, 所有物あるいは有利な点を自分も持てたらいいのにという願望を持つために, 腹を立てたり, 不満を感じたりそのような気持ちを見せたりすることを述べるのに jealous が用いられることが分かる。

一方, (25b) の envious の定義は, ODE では, 単に feeling or showing envy とだけあるが, OALD によると wanting to be in the same situation as sb else; wanting sth that sb else has とある。つまり, 他人と同じ境遇にあることを望んだり, 自分には

ないものを他人が持っている場合，自分にもそれがあればいいのにと思う気持ちが envious ということになる。

すると，jealous は，envious と少し違って，嫉妬から来る腹立たしさや不満の気持を意味的に含んでいる。したがって，(25a) は，ジョンがポールの成功を妬み，ポールのことを腹立たしく思っている様子が感じられる文であるわけである。それに対して，envious には jealous に見られる相手に対する怒りの感情は認められない。ジョンはポールの成功をうらやましく思っていて自分もそれにあやかりたいと単に思っていることを表すのが envious ということになろう。

すると，(25a) と (25b) を比較すると，(25a) のほうはジョンのポールに対する嫉妬心が怒りや不満の形になっていることになる。したがって，同じうらやましい気持ちを表す envious と jealous ではあるが，jealous には常に「怒り」「不満」が伴うと言えそうである。

ちなみに，envious の動詞形は envy だが，これを用いて，話し手が相手のことをうらやましく思っていることを相手に直接的に述べても不都合はない。たとえば，「私にもそんな素敵な車があったらいいですね。本当にあなたがうらやましいです」を英語にすると，I wish I could have a nice car like that! I really envy you. となる。このように I envy you. は，軽い感じで相手のことを羨ましく思う気持ちを表明できるのである。

また，慣用表現として be green with envy があり，たとえば，

Bob will *be green with envy* when he sees your new sports car.

(君の新しいスポーツカーを見たらボブはうらやましがるだろうね)

のように表現される。この慣用表現も「うらやましさ」を軽く表現するのに用いられる。

21 little と small の違い

次の (26) を見てみよう。

(26) a. We live in a **little** house in a Chicago suburb.
　　 b. We live in a **small** house in a Chicago suburb.

a *little* house と a *small* house は，ともに「小さな家」であるわけだが，両者にはニュアンスの違いがある。little は，話し手が小さいことを好ましいものとして考えており，愛情や愛着などの感情的な色彩を表すことが多い。したがって，たとえば，「小さい子ども」を英語にすると，a little child あるいは a small child のいずれでも表現できるが，little には「かわいらしさ」が含意されていることになる。

また，何がしかの感情的な表現として，特に nice, cute, あるいは ugly などの形容詞の後に用いられることが多い。たとえば，

a *cute little* umbrella（小さな可愛い傘）

　　a *nice little* town（こじんまりした素敵な町）

　　a *pretty little* girl of about ten

　　（10歳ぐらいのかわいらしい少女）

のように little が用いられる。

　さらに，little はあまり重要でない，取るに足らないものについて述べるのに用いられることもあり，たとえば，

　　Don't worry about *little* things.

　　（ささいなことに気をもまないで）

　　I had a *little* trouble with my computer.

　　（コンピュータがちょっと故障した）

のように使われる。

　他方 small は，ものの大きさが「小さい」「狭い」「小型である」ことを表す最も一般的な語で，big あるいは large の反対語に相当する。また，この語は，客観的な「小ささ」を表し，感情的な色彩を表すことはあまりない。それゆえ，a *small* child は単に「幼い子ども」「小柄な子ども」を意味するというわけである。

　なお，small は補語として用いられるが，little は補語として用いられない点が両者の違いでもある。たとえば，The house is *small*. という表現は普通によく使われる表現であるが，*The house is little. と言うことはできない。

この節の最後に，次のペアの文の違いについて見ておくことにしよう。

(27) a. I have a **little** problem.
　　 b. I have a **small** problem.

LDOCE によると，little が使われている (27a) は，small が使われている (27b) と比べると，問題が深刻であるとか切迫しているという感じはないという ((27a) makes the problem sound less serious or urgent than (27b))。両者の違いを日本語で言い表すことは難しいが，両者には上のような微妙なニュアンスの違いがあるという LDOCE の説明は傾聴に値するであろう。

22　necessary と indispensable の違い

次の (28) を見てみよう。

(28) a. Cleanliness is **necessary** to good health.
　　 b. Cleanliness is **indispensable** to good health.

(28a) と (28b) のどちらも，「清潔であることは健康に欠かせない」ことを意味するが，necessary と indispensable を比較すると，前者よりも後者のほうが意味が強いという違いがある。すなわち，necessary は，「不可欠ではないが，さしあたり必要な」

といった必要性を述べる最も一般的な語であるが，indispensable は，「是非とも必要な」「不可欠の」を意味する。

したがって，(28a) と (28b) を比べると，(28b) のほうが清潔であることを非常に重要視していて，この状態を抜きにして健康は語れないと述べていることになる。以下でいくつか necessary と indispensable を含む例文を挙げておこう。

> Sleep is *necessary* for our brain to learn new things every day.
> （睡眠は私たちの脳が毎日新しいことを学ぶのに必要である）
> Exercise is *necessary* for the development of abstract thinking.
> （運動は抽象的な思考の発達に欠かせない）
> Freedom of speech is *indispensable* for any country.
> （言論の自由はどの国にとっても絶対に必要だ）
> Exercise is *indispensable* to healthy aging.
> （運動は健康に年をとっていくのに絶対必要である）

構文としては，It is necessary (for ～) to 不定詞と It is indispensable (for ～) to 不定詞があり，たとえば，It is *necessary* (for him) to do the job. や It is *indispensable* for him to do the job. と表現される。

また，類義語に essential がある。この語は，completely necessary を意味する。したがって necessary よりも意味が強く，

「それなしには絶対に成り立たない」こと，あるいは「本質的に必要な」ことを言う場合に用いられる。この形容詞を含む例文を挙げておこう。

> Drinking enough water not only is *essential* to weight loss, but also is *essential* to good health.
> (十分な水を飲むことは減量に絶対に不可欠であるばかりではなく健康にも絶対に不可欠である)
>
> Sleep is *essential* to optimal health, helping our bodies and minds to recharge, reenergize and successfully navigate the day's activities.
> (睡眠は最高の健康状態に不可欠であり，われわれの心身を充電し直し，再び活力を与え，首尾よく一日の活動の道案内役を務めてくれる)

23　new と fresh の違い

次の (30) を見てみよう。

(30) a.　John came up with a **new** idea.
　　 b.　John came up with a **fresh** idea.

(30a) と (30b) のいずれもほぼ同じ意味を表すが，new は，

「主に存在するようになってから間もない」ものについて，あるいは，「誰にも使われたことがない，今まで知られているモノとは異なっている」という内容を表すので「新しい」という日本語訳が対応する。また，new は「新しい」ことを表す最も一般的な形容詞であり，その反意語は old である。

一方，fresh の中核的な意味は，「何がしかのモノが存在するようになってから，まだあまり時間が経っておらず，本来の状態が保たれている」である。この中核的な意味から，「できたてのほやほやであること」や「新鮮さ」を述べる場合に fresh が用いられる。この形容詞の反意語は，stale である。

さて，(30a) と (30b) のいずれも「ジョンが新しいアイデアを思いついたこと」を述べているわけだが，new には「これまでのモノとの対比」に重点が置かれ，fresh は「物事が成立したときの状態がいまだ失われずに保たれている」ことに重点があるところに両者の違いを認めることができるであろう。

さらに，次のペアの文についてはどうであろうか。

(31) a. I bought **new** potatoes at the supermarket.
　　 b. I bought **fresh** potatoes at the supermarket.

(31a) の new potatoes は「新ジャガ」を意味する。つまり，その年の出始めのジャガイモということになる。したがって (31a) は，「今年出始めのジャガイモをスーパーで買った」を意味する。

それに対して，(31b) の fresh potatoes は，「新鮮なジャガイモ」「生のジャガイモ」を意味する。fresh は，たとえば，

> The bread is very *fresh*.（そのパンは焼きたてだ）
> This apple is *fresh*.（このリンゴは新鮮だ）

のように飲食物が「新鮮である」ことを表すのに用いられるわけだが，時として，香水や髪から新鮮さが臭覚的に捉えられ，

> Her perfume was *fresh*.
> （彼女の香水は新鮮な香りがした）
> Her hair was so *fresh*.
> （彼女の髪はとても新鮮な香りがした）

のように表現されることもある。

24 polite と courteous の違い

次の (32) を見てみよう。

(32) a. It was **polite** of Tom to behave like that.
　　 b. It was **courteous** of Tom to behave like that.

(32a) と (32b) はともに「そのように振る舞うとはトムは礼儀正しかった［思いやりがあった］」を意味する。

polite は,「礼儀正しい」「丁寧な」を意味する最も一般的な形容詞である。この語は, 社会的な規範から見て人に手荒なことをしたり人の感情を害さないように丁重に振る舞うことを表す。また, polite は, 時として, 単に外面的に礼儀正しいことや, 他人行儀なことを表すこともある。

それに対して, courteous は, polite よりも改まった語であり, また他人への温かみ, 他人を思いやる気持ちという点では polite よりも意味が強いと言われている。

したがって, (32a) と (32b) を比較すると (32b) のほうが改まった表現であり, また, 他人に対する礼儀正しさの度合いが (32a) よりも強く述べられていると言えるであろう。

ちなみに, (32a) と (32b) は, それぞれ, Tom was **polite** to behave like that., Tom was **courteous** to behave like that. と表現することもできるが, このように Tom を主語にした文は, it を形式主語にしている (32a) や (32b) に比べると, Tom に対する評価の意味が強くなる。したがって, 場合によっては意味が強い分, その使用が不適切である場合が出てくる可能性もあることになる。つまり, 文主語に対する人物批評が直接的な表現であるのが, Tom を主語とする文なのである。それに対して (32a) や (32b) タイプの文のほうが当たりの柔らかい表現となっているということである。

ちなみに, 上記の形容詞の類義語に civil があるが, この形容詞は, polite よりも意味が弱く, 礼儀に外れない程度に丁重に振

る舞うことを表し，時として，親しみを感じさせない儀礼的な慇懃さ，言い換えると，多少「よそよそしさ」を表す語とされている。この形容詞も polite と courteous と同じ It + is + 形容詞 + to 不定詞構文で使われる。ゆえに，この形容詞を用いて，It was *civil* of Tom to behave like that. と表現することもできる。

さらに，類義語にやや形式張った形容詞である gracious がある。この形容詞は，特に，高位の人が下位の人に対して「礼儀正しい」「丁重」であることを意味する。この形容詞を用いた例を1つ挙げておくことにする。

She was *gracious* enough to accept our invitation.
（彼女は丁重にも私たちの招待をお受けくださった）

25 proud と arrogant の違い

次の (33) を見てみよう。

(33) a. She was so **proud**.
　　 b. She was so **arrogant**.

(33a) は，「彼女はとても誇らしげだった」を意味する。一方，(33b) は，「彼女はとても傲慢だった」を意味する。

proud は，OALD の定義では feeling pleased and satisfied

about sth that you own or have done, or are connected with とある。これは良い意味の定義であり、「誇り高い」「誇りに思って」「うれしく思って」の日本語が対応する。しかし、場合によって、proud が悪い意味で用いられることもある。その場合のOALD の定義は、feeling that you are better and more important than other people とある。この定義では proud は、悪い意味で、他人よりも自分のほうが優れているとか重要であると思っているということを表すことが分かる。すると、この場合には「尊大な」「高慢な」「思い上がった」の日本語が対応することになる。したがって、厳密に言うと、単に (33a) の文だけを聞いたり眺めたりした場合は、良い意味でも悪い意味でも解釈が可能ということになり、文脈や場面がいずれかの意味を決定づけることになる。

一方、arrogant は、OALD によると、behaving in a proud, unpleasant way, showing little thought for other people と定義されているので、これは「尊大な」「傲慢な」「横柄な」のような日本語が対応することになる。したがって、(33b) は、上で述べたように、「彼女はとても傲慢だった」を意味することになるわけである。

また、proud は、よく be pound of 〜 の形で用いられる。たとえば、

 We *are proud of* our son's success.

（私たちは息子の成功を誇りにしている）

I'*m* so *proud of* you.

（あなたのことを本当に誇りに思っています）

のような表現がしばしば見られる。proud と arrogant にはいずれも限定用法と叙述用法があり，限定用法の例としては，a *proud* attitude（傲慢な態度），an *arrogant* attitude（横柄な態度）のように表現することができる。

また，arrogant の叙述用法の例としては，

She was so *arrogant* she felt she could get away with anything.

（彼女は非常に傲慢だったので何をやっても許されると思っていた）

It is *arrogant* of him to feel superior.

（優越感を覚えるのは彼の思い上がりだ）

のように表現することができる。

26 quiet と silent の違い

次の (34) を見てみよう。

(34) a. Mike said a **quiet** prayer of thanks.
   b. Mike said a **silent** prayer of thanks.

LDOCE では，音声に言及する quiet は，not making a loud sound，ODE では，making little or no noise とそれぞれ定義づけられている。一方，silent は，LDOCE では，not making any sound at all，ODE では，not making or accompanied by any sound と定義づけられている。これらの定義から（34a）と（35b）の違いを確認することができる。

（34a）と（34b）はいずれも「マイクが感謝の祈りを捧げた」こと意味するが，（34a）では，マイクが静かではあるが声を出して祈りを捧げたことが述べられているのに対して，（34b）では，マイクが無言で，つまり，心の中で，感謝の祈りを捧げたことが述べられている。

また，場所に言及する quiet は，何がしかの場所があまり騒音のない状態であることを描写するのに用いられるが，silent は，全く騒音がない状態を描写するのに用いられる。

すると，次の（35a）と（35b）の違いを認めることができることになる。

(35) a. It was a **quiet** place.
　　 b. It was a **silent** place.

（35a）の a quiet place は，「あまり騒音のない場所」すなわち「静かな場所」を意味するが，（35b）の a silent place は，「全く騒音のない場所」すなわち「静まりかえっている場所」を意味する。

「静かな」状態を表す一般的な語はquietで，silentは，文字通り「音のない」を意味する形容詞であるが，普通であれば騒がしいあるいは何がしかの音声が聞こえるはずが予想に反して静かであることを言う場合にも用いられる語がsilentである。「無口な人」は，a *quiet* man あるいはa *silent* man のいずれでも表現できる。ただ頻度としては，a *quiet* man のほうが高く，a *silent* man のほうが強意的であるとされている。

他の類義語のstillは，音だけでなく動きがないものの描写に，また，calmは，天候や海などが穏やかであることの描写にそれぞれ用いられる。ここでは，前者の例としては，a *still* photograph（スチール写真）を，後者の例としては，a *calm* sea（穏やかな海）を挙げておくにとどめる。

27 real と actual の違い

次の (36) を見てみよう。

(36) a. John had no **real** reason to think he was unhappy.
　　　b. John had no **actual** reason to think he was unhappy.

実質的な意味の差は (36a) と (36b) の間にはなく，いずれも「ジョンには自分が不幸であると思う本当の理由はなかった」ことを意味する。

しかし，細かいニュアンスの違いを追求してみることにしよう。real は，人や物事に関して，見た目と実質とがぴったりと一致していることを強調するのに用いられる。何かが見た目通りの性質や内容であるということは，「本当の」「真の」ということであり，That's what a *real* teacher should do.（それが真の教師がするべきことだ）における a *real* teacher がその一例となる。

また，real には，純粋であること，つまり，偽物やまがい物ではないという意味もあり，たとえば，a *real* diamond は「本物のダイアモンド」ということになる。

一方，actual は，人や物事が現実に存在しているという事実を強調するのに用いられる。つまり，actual は，想像，理論，可能性などと対照をなす語であり，*actual* reason は「実際の理由」，*actual* and not imagined conditions（仮定ではなく実際の条件）のような例に加えて，推測や見積もりではなく，「正確な」の意味で，たとえば，the *actual* amount of money（正確な金額）のように使用される。この形容詞は，外見がどうであるかということよりもむしろ何かが現実にどのようなものであるかを強調するのに用いられる。

以上のことから，real は人や物事が見た目と実質が一致することを強調するが，actual は外見的なことに拘泥せず，人や物事の実質的な性質を強調するというところに違いが認められるということになる。しかしながら，The Corpus of Contemporary American English（以後 COCA と略す）を検索してみると，実

際，両者が同じように用いられている例も多々存在することが判明する。また，以下で述べる内容は，COCA を検索した結果からうかがい知れたものである。たとえば，an *actual* name と a *real* name はともに「本当の名前」の意味で用いられるが，現実には，後者の a real name が用いられることが圧倒的に多い。

また，「本当の理由」は，an *actual* reason また a *real* reason のいずれでも表現できるが，a *real* reason のほうが圧倒的に多い。

さらに，「本当の話」も an *actual* story と a *real* story のいずれでも表現されるが，a *real* story のほうが圧倒的にその頻度が高い。

しかし，in fact を強調する in *actual* fact という表現はあるが，*in real fact という表現は存在しない。

どちらの形容詞も同じ名詞と結びつくことがあるが，以上のように結びつきの頻度には違いが存在することが確認できる。

28 reluctant と unwilling の違い

次の（37）を見てみよう。

(37) a. John was **reluctant** to buy the car.
 b. John was **unwilling** to buy the car.

(37a) の reluctant と (37b) の unwilling は, ともに後に to 不定詞を従え「～する気がしない」「～することに気が進まない」ことを意味する。

　ODE では, reluctant は unwilling and hesitant; disinclined, LDOCE では, slow and unwilling のような定義がそれぞれ見られるが, OALD では, もう少し詳しく hesitating before doing sth because you do not want to do it or because you are not sure that it is the right thing to do と定義づけられている。この OALD の定義から, この形容詞は,「何かをすることを望んでいない, あるいは, それをすることが正しいという確信がないのでそれをする前に躊躇すること」を意味することが分かる。

　一方, unwilling に関しては, ODE では not ready, eager, or prepared to do something, また, LDOCE では, not wanting to do something and refusing to do it とそれぞれ定義されているが, この定義は OALD に見られる定義と同じである。これらの定義から, unwilling は,「何かをすることを望んでおらずそれをすることを拒否 [拒絶] する」ことを意味することが分かる。

　すると, reluctant は「何かをすることを躊躇する」ことを意味するにとどまり, その後, それを実行したかどうかまではカバーしていないことになる。しかし, unwilling に関する LDOCE や OALD の定義では, refusing to do it と明記されているから, unwilling は, to 以下が示す行為は実行されなかったことを含意するのに対して, reluctant は, しぶしぶながらではあるが to 以

下で示される行為が行われたという解釈を排除しないということになるであろう。

よって,結論として,(37a) は「ジョンはその車を買うことをしぶった(が結局それを買った)」という解釈を許すことになる。他方,(37b) に対しては,「ジョンはその車を買うことをしぶった(そして実際にそれを買わなかった)」という解釈がなされるということになる。

では,次の (38a) と (38b) の違いについてはどうであろうか。

(38) a. Jane was **reluctant** to admit her mistake.
  b. Jane was **unwilling** to admit her mistake.

(38a) と (38b) のいずれも,「ジェーンは自分の過ちを認めたがらなかった」ことを述べているが,前者は,最終的には自分の過ちを認めたとする解釈が可能であるが,後者は,結局最後まで自分の過ちを認めることはなかったとする解釈のみが成立することになろう。

29 rich と wealthy の違い

次の (39) を見てみよう。

(39) a. Jim was born to a **rich** family.
　　b. Jim was born to a **wealthy** family.

(39a) と (39b) はいずれも「ジムは裕福な家庭に生まれた」を意味するわけであり，rich と wealthy にはほとんど実質的な違いはないとしてよいようである。

しかし，rich のほうが wealthy と比べると，豊かであること，金持ちであることを言い表す最も一般的な語であり，その頻度は wealthy よりも高いという違いがある。たとえば，いずれの形容詞も，man, country, people, family のような名詞と結びつくが，rich とこれらの名詞との結びつきのほうが頻度が高い。

また，wealthy のほうが rich と比べるとやや堅い語で，主に物質面において rich よりも大きい富を暗示する。特に，wealthy は，不動産や貴金属などを所有していて，金持ちである状態が長く続いているような場合に使用される。だだし，stinking rich や filthy rich のような決まり文句はあるが，*stinking wealthy や *filthy wealthy のような表現は存在しない。これらの表現はいずれも「どえらい金持ちである」ことあるいは「お金が唸るほどある」ことを言うのに用いられ，

He must be *stinking rich*.
(彼はどえらい金持ちに違いない)
Her family is *filthy rich*.
(彼女の家族は腐るほど金のある大金持ちだ)

のように使われる。

「金持ちの」「裕福な」を意味する rich と wealthy 以外には，well-off や affluent がある。

well-off は rich よりも口語的である。この語も rich と同様に，a *well-off* man, a *well-off* family あるいは *well-off* countries のように用いられる。またこの語は，Tom is *well-off*, well-spoken, welldressed.（トムは裕福で，言葉使いが上品で，立派な服装をしている）に見られるように叙述的にも用いられる。ちなみに，この語の反対語は badly-off である。

一方，affluent は，改まった語で，繁栄と増加する豊かさを暗示する。この語も他の類義語と同様，an *affluent* country, an *affluent* family, *affluent* people のように使われる。次に，affluent が叙述的にも限定的にも使われている例文を挙げておく。

> What remains unclear is what proportion of households in these counties is *affluent* and what concentration of all *affluent* households in the United States these counties embrace.
> （依然としてはっきりとしていないことは，これらの郡の何割の世帯が裕福であるのか，またこれらの郡に合衆国のすべての裕福な世帯のどの程度が集中しているのかということである）

30 satisfied と content の違い

次の (40) を見てみよう。

(40) a. I'm **satisfied** with the work I've done.
　　 b. I'm **content** with the work I've done.

いずれの文も「私は自分がした仕事に満足している」を意味するが，(40a) と (40b) はどのように違うのであろうか。

まず，satisfied についてだが，この語は，何かを達成したり，何かが望み通りになるなど，欲望，期待，必要などが十分に満たされている状態，つまり，満足感を述べる際に使用される。要するに，自分の思い通りに事が運んだり，自分の望んだ通りの事が起こった時に satisfied が用いられるということである。

それに対して，content は，ニュアンスとして「ほどほどに満足して」「まあこれでいいか」という感じを伝える語であり，satisfied に比べると満足度がやや低い感じを表す。要するに，足るを知ってこれ以上求めない態度の表明を content は表すことになる。そこから，この語の訳語として「甘んじる」がぴったりの場合も出てくるわけである。

ただし，たとえば，LDOCE における content の定義を見ると，satisfied with what you are doing, so that you do not want to change anything となっている。この定義からは，上で見たよ

うな満足度の低さは感じられない。そして，She seemed **content** to just sit and watch the others. と Sam was quite **content** with his life on the farm. の例文が記載されている。これらの例文では，コンテクストを与えられない限り，満足度が低いかどうかは明らかではない。

ただし，上で見たような「甘んじる」という感じは，OALD に He had to be **content** with third place.（彼は3位に甘んじなければならなかった）といった例文が記載されているので，文脈次第で，content に関しては，やはり不満を解消する程度の満足を表すこともあるとしてよいように思われる。

これらの語の類義語には，ほかに happy や fulfilled などがある。特に，happy は satisfied の意味で日常レベルの口語としてよく用いられる。たとえば，The boss seems *happy* with his new secretary.（社長は新しい秘書に満足しているようだ）のように be happy with 〜の形で用いられる。fulfilled は，特に人生や仕事に満足している場合に用いられる。例として I feel *fulfilled* in my present job.（私は今の仕事に満足している）を挙げておく。

31 sensible と sensitive の違い

次の（42）を見てみよう。

(42) a. John is a quiet, **sensible** person.
   b. John is a quiet, **sensitive** person.

sensible と sensitive はお互いによく似ている語なので混同してしまいがちであるが，意味が違うので注意する必要がある。sensible は，「分別のある」「良識のある」「賢明な」を意味し，一方，sensitive は，「敏感な」「感受性のある」「感じやすい」を意味する。

　sensible と sensitive の使い方をここで確認しておくことにしよう。(42a) の a sensible person は，「分別があってすぐれた判断力を見せる人」のことを言う。それに対して，(42b) の a sensitive person は，「すぐに動揺してしまう［腹を立てる］人」あるいは「他人の気持ちや問題を理解する人」のいずれかを意味する。したがって，a sensitive person は，場面や文脈次第で前者あるいは後者の意味で用いられる。すると，(42a) は，「ジョンはおとなしくて分別のある人です」を意味し，(42b) は，「ジョンはおとなしくて神経質な人です」あるいは「ジョンはおとなしくて人の気持ちがよく分かる人です」のいずれかを意味することになる。

　これら2つの形容詞の意味の違いは以上の通りであるが，これらの形容詞の使い方をもう少し見ておくことにしよう。

　「～をすることは賢明だ」は，「It's sensible to 不定詞」の型で表現される。たとえば，It's **sensible** to keep a note of your passport number.（パスポートの番号を控えておくことは賢明だ）のように用いられる。

　一方，sensitive に関してだが，「～に敏感な」「～に神経過敏の」の意味では，たとえば，

> Marsha is very **sensitive** to criticism.
> （マーシャはひどく批判を気にする）
> Frogs are very **sensitive** to changes in the environment.
> （カエルは環境の変化にとても敏感である）

のように表現される。また，良い意味では，

> Mary is very **sensitive** to other people's feelings.
> （メアリーは他人の気持ちがとてもよく分かる）
> Mark is a **sensitive** and caring guy.
> （マークは気が回って親切な男だ）

のように sensitive が使われる。

　以上のように sensible と sensitive には違いがあることを確認した。ほかにもこの 2 つの形容詞には違いがあるが，ここではこれ以上立ち入らないことにする。

32 severe と strict の違い

次の (43) を見てみよう。

(43) a. Henry is said to be a **severe** teacher.
　　b. Henry is said to be a **strict** teacher.

(43a) の a severe teacher と (43b) の a strict teacher はともに日本語に訳すと「厳しい先生」「厳格な先生」になるものと思われるが,両者には微妙な違いが存在する。

severe と strict の違いに関してであるが,severe は,「厳しい」を意味する最も一般的な語で,基準などを厳格に守る妥協を許さない厳しさに言及する場合に使用されるが,しばしば,手心を加えないあるいは親切心や同情心を欠いた「辛辣さ」や「冷酷さ」を暗示する。

一方,strict は,規則や原則から逸脱せずにそれを厳守するという厳しさに言及するのに使用されるが,人に辛くあたるというような意味合いは認められないので,時として好ましいイメージでの「厳格さ」を言い表すのに用いられることもある。基本的に,strict は,規則通りにきっちりと振る舞うことを述べる語であり,severe のように冷酷さを暗示することはない。

そうすると,(43a) と (43b) いずれの文も「ヘンリーは厳しい教師だと言われている」ことを述べてはいるが,(43a) から

は，ヘンリーが情け容赦ない先生であることが感じられ，(43b)からはそのような響きは感じられないということになる。(43b)からはヘンリーはいわばきっちりと規則に従った行動をとる人物であり人にもそのように振る舞うように促している教師という感じが伝わってくる。また，(43b) は，時としてよい意味を表すと解釈することができるし，時として neutral な話し手のヘンリーに対する評価を表すと解釈することもできるであろう。また，「厳しさ」の度合いについては，severe のほうが strict よりも強いということを付言しておく。

　ちなみに，a *stern* teacher も「厳格な先生」を意味するが，stern は，人の気質・気性が柔軟性を欠いている，あるいは容赦のないことを強調する形容詞で，恐れを感じさせるような厳しさを言うのに用いられる。したがって，近寄り難い怖さを持っている先生が a *stern* teacher ということになる。

　以上のことから，結論的には，severe は，決められたことを厳格に守り妥協を許さない厳しさを示し，しばしば冷酷さを含むことを言う場合に，strict は，規律を厳守する厳しさを言う場合に，そして stern は，断固としていて情け容赦なく近寄り難い怖さがあることを言う場合に，それぞれが用いられることになるとしてよいであろう。

33　slender と thin の違い

次の (44) を見てみよう。

(44) a.　Meg is a **slender** woman.
　　 b.　Meg is a **thin** woman.

(44a) は，メグが魅力的にやせていることを述べている文であるが，(44b) は，単にメグがやせていることを述べている文である。(44a) における slender は，体つきが細くてすらっと上品で魅力的なことを言うのに用いられる。

もう少し具体的には，slender は長くて格好よく細いことを述べるのに用いられ，a *slender* figure（すらりとした体型），*slender* legs（すらりとした脚）のように，figure, legs, finger あるいは body などとよく結びつく。

それに対して thin は，人がやせていることを表す最も一般的な語で，しばしば「不健康にやせた」「貧相な」という感じを表すので，相手に面と向かってこの形容詞は使うべきではないであろう。この形容詞は，She looked *thin* after her illness. のように，病気や過労などで不健康にやせたことを表すことが多いことは確かである。

しかし，thin が常にマイナスの意味で使われるわけではなく，She is *thin* and fit.（彼女はやせていて健康だ）のような例もあるこ

とを言い添えておく。また，thin は，体のことについて描写するのに用いられるだけでなく，a *thin* line（細い線），*thin* ice（薄氷），a *thin* face（やせこけた顔），a *thin* slice of bread（一切れの薄っぺらなパン）などのようにさまざまな名詞と結びつく。

以上の形容詞以外で「細い」「やせている」を意味するものには，slim, skinny, lean, emaciated, underweight などがある。

slim も slender と同様に，魅力的に美しくやせていることを述べるのに使用される。たとえば，Meg is *slim*. あるいは Meg is a *slim* woman. は，メグが魅力的にほっそりとしていることを表現するが，このほか，Such a chance is *slim*.（そのようなチャンスはわずかだ），a *slim* chance（わずかなチャンス）のように用いられることもある。

skinny は，She was *skinny* as a rail.（ひどくやせていた）のように，極度にやせている状態，つまり，見ていて不快でみっともないほどやせている状態を言うのに用いられる。

lean は，He was tall and *lean*.（長身で体が引き締まっていた）のように，「筋肉質で引き締まった」状態に言及する。

emaciated は文語であり，She is an *emaciated* woman. のように限定的に用いられ，病気などで衰弱して「やせ細った」状態を表す。

最後に，underweight だが，これは医学的な用語で，しばしば thin の婉曲語として，Although he is *underweight*, he has a big appetite. のように用いられる。

34 some と a certain の違い

次の (45) を見てみよう。

(45) a. Kate has been seeing **some** man.
　　 b. Kate has been seeing **a certain** man.

(45a) と (45b) は，ともに，日本語に訳すと「ケイトはある男性と付き合っている」となる。しかし，(45a) は「ケイトは（誰か知らないが）男性と付き合っている」ことを，一方，(45b) は「ケイトは（名前は伏せるが）男性と付き合っている」ことをそれぞれ意味する。つまり，話し手がケイトとの交際相手のことをはっきりとは知らない場合には some を用い，ケイトの交際相手のことを知っているが，わざと名前などを伏せる場合には，a certain を用いるということである。

さて，この用法の some に関してであるが，この用法では，some は，名詞の単数形を伴って，「ある」「誰かの」「何かの」「どこかの」の意味で用いられる。つまり，話し手が対象となる人やモノをはっきりと知らないあるいは特定できない場合に some が使われるわけである。

He teaches math at **some** school.
（彼はある学校で数学を教えている）

第 10 章　類義語関係にある形容詞に関して　　167

She went to **some** town in Chicago.

（彼女はシカゴのどこかの町へ行った）

He's **some** kind of a musician.

（彼は何か音楽家のようなことをやっている）

などがそのような some が使われている例である。この用法の some は，しばしば，無関心，軽蔑，怒り，いらだちなどを暗示する。

　他方，a certain は，何がしかの人やモノを知ってはいるがそれを意識的に伏せておきたいと話し手が思っている場合に用いられる。

　certain に関して，もう少し詳しく見ておくことにしよう。何かについてはっきりと述べるのを避ける時にこの形容詞が使われるわけだが，日本語としては「ある」「ある種の」「例の」などが対応する。例としては，

A certain person complained to me about your attitude.

（ある人が［誰かさんが］私にあなたの態度について愚痴をこぼしましたよ）

She has **a certain** charm.（彼女にはある種の魅力がある）

a person of **a certain** age

（ある年齢の人）［通例，中年以降の人を指す］

などを挙げておく。ちなみに，I met **a certain** Mr. Palmer yesterday. は,「昨日パーマーさんという人に会いました」を意味するが, 普通は, a *certain* Mr. Palmer ではなく, a Mr. Palmer のほうが一般的である（第Ⅰ部第1章5節参照）。

35　strange と peculiar の違い

次の (46) を見てみよう。

(46) a.　A **strange** thing happened last night.
　　 b.　A **peculiar** thing happened last night.

(46a) と (46b) は, ともに「昨夜奇妙な事が起こった」ことを述べている。しかし, 両者にはニュアンスの違いがある。

strange は, これまでに出会ったこともない普通ではない人やモノあるいはこれまで経験したことがなく理解しがたい事象について述べるのに用いられる形容詞である。つまり, 話し手にとってこれまで見たことも聞いたこともないような人や事柄に接した時に感じる奇妙さや不可解さを strange は表すわけである。また, strange は, 時として不可解なことだけではなく, 何か恐ろしい人や事柄を示唆することがある。

それに対して, peculiar も何かに関して他に類を見ない独特さ, 一風変わっている様子を言うのに用いられるが, strange と比べて, 時として話し手の不快感を示唆する点が strange との違

いである。

そうすると，(46a) は，「昨晩理解しがたい奇妙な出来事が起こった」あるいは「昨晩恐ろしい出来事が起こった」と解釈することができることになる。一方，(46b) も「昨晩異常な出来事が起こった」ことを述べているのだが，その出来事が話し手にとって不快だったという解釈が可能ということになる。

しかしながら，通常，文にはその前後に文脈があるから，必ずしも (46b) に不快感が伴っていると断言はできず，単に，他には類を見ない何か独特な出来事が起こったという解釈を排除するものではない。とは言うものの，a *peculiar* smell [odor, taste]（変な匂い［臭気，味］）は不快感を含意するとする解釈が一般的になされることも確かである。

上記2つの形容詞の類義語には，odd, curious, bizarre, queer, weird, funny などがある。

まず，odd は，strange と同様，常軌を逸し普通でない奇妙さを表すが，時として人を面白がらせたり興味を持たせたりするというニュアンスもある。curious は，ややフォーマルな語で，変わっていて好奇心をそそられることを表す。bizarre は，何かがあまりにも並外れて風変わりであることを言うのに使われる。queer は，非常に奇妙で説明がつかない様子を言うのに使われるが，odd よりも変わっていることを強調するのに使われる。weird は，ややくだけた語で，話し言葉でよく使われる。また，funny も「奇妙な」「変な」の意味するややくだけた話し言葉で

あることはすでに見た通りである（本章19節参照）。

36 sudden と abrupt の違い

次の (47) を見てみよう。

(47) a. John had a **sudden** change of heart.
   b. John had an **abrupt** change of heart.

(47a) と (47b) は，ともに「ジョンは急に心変わりした」ことを言い表しているが，両者にはニュアンスの違いがある。

(47a) に見られる sudden は，出来事が「突然である」「思いがけない」「急な」ことを表す一般語である。それに対して (47b) に見られる abrupt も「突然の」「不意の」「急な」を意味する形容詞だが，この語を用いると，予告や前兆がなく「いきなり」という感じが強調される。

また，この語にはしばしば困惑，不快という気持ちが伴うことが暗示される。したがって，abrupt は，何か嫌な出来事，好ましくない行為などを表すのにしばしば用いられる。すると，(47a) は，単にジョンの気持ちが突然変わったことを述べており，他方，(47b) は，ジョンの急な心変わりに対する戸惑いや不愉快さといった話し手の気持ちを述べていることになる。

sudden は，death, change, movement, thought, increase,

lost, shock などの名詞とよく結びつく。一方，abrupt は，停止や悪い方向への変化が突然であることを言うのに用いられ，end, halt, change, departure, stop, transition などの名詞とよく結びつく。もちろん，sudden と abrupt が共通して結びつく名詞も数多くある。たとえば，COCA を検索してみると，*abrupt* end は 150 件見つかるのに対して *sudden* end は 36 件しか見つからない。また，*sudden* death は 530 件見つかるが，*abrupt* death は 4 件しか見つからない。さらに，*sudden* movement が 99 件見つかるのに対して *abrupt* movement は 15 件といった具合である。各用例の内容を詳細に述べる余裕はないが，ポイントとしては，話し手が突然起こった意外な状況を困惑して見ている感じが強い場合には，sudden よりもむしろ abrupt が選択されるとしてよいように思われる。

　ちなみに，sudden と abrupt の類義語に unexpected があるが，この語は人の行為や行為の結果が「不意である」「予想外である」ことを言うのに用いられる。unexpected は，良い状況と悪い状況のいずれをもカバーし，benefit, rewards, discovery, answer, start, result, outcome, side effect など多様な名詞と結びつく。

37　transient と transitory の違い

次の (48) を見てみよう。

(48) a.　It is often said that man's life is **transient**.
　　 b.　It is often said that man's life is **transitory**.

(48a) と (48b) のいずれも「人の命は，はかないとしばしば言われる」ことを言い表している。

(48a) では transient が，また，(48b) では transitory が用いられているが，実際，これらの形容詞はしばしば交換可能である。なぜなら，OALD では，transient と transitory の定義は，いずれも continuing for only a short time とあるからである。この語の定義に関しては，ODE や LDOCE も OALD とだいたい同じである。日本語訳としては，transient と transitory のいずれも「つかの間の」「一時的な」が対応する。

この OALD からの情報からではこれらの形容詞の違いが分からないが，The Merriam-Webster Dictionary of Synonyms and Antonyms を紐解くと，**Transient** applies to what is actually short in its duration or stay また **Transitory** applies to what is by its nature or essence bound to change, pass, come to an end と説明されている。この定義からは，両者の微妙な違いとして，transient は，「現実」に重きを置き，transitory は，何かが移り

変わったり，終わるという「性質」「本質」について述べるのに用いられることが分かる。

つまり，現実に続くことがない事柄に言及する場合には transient がふさわしく，性質上いつまでも続かない事柄に言及する場合は，transitory がふさわしいということになるであろう。すると，(48a) は，「人の命というものははかないものだ」という事実を強調しており，その一方で，(48b) は，「人の命というものは本質的にはかないものである」というそのありのままの姿を強調しているとすることができるであろう。

確かに，transient と transitory は同じ概念を表すので，同じ名詞との結びつきを見せる。たとえば，「一時的な変化」は a *transient* change と a *transitory* change，「つかの間の快楽」は a *transient* pleasure と a *transitory* pleasure は，「一時的な現象」は a *transient* phenomenon と a *transitory* phenomenon など両方の形容詞が使用されている例が認められる。

ちなみに，「一時的な」「長く続かない」を意味する形容詞に temporary もあるが，この形容詞を用いて，a *temporal* change, a *temporary* pleasure, a *temporal* phenomenon のように表現することも可能である。この temporary を使うと transitive や transitory のように堅い感じにはならないであろう。

38 vague と ambiguous の違い

次の (49) を見てみよう。

(49) a. Ted used a **vague** word.
b. Ted used an **ambiguous** word.

ここでは，vague と ambiguous の意味の違いについて確認しておくことにしよう。いずれの形容詞も，言葉の意味があいまいではっきりとしないことを言うのに用いられるが，vague は，「詳細な情報が与えられず全体像がぼんやりとしてつかみどころがない」ことを表す。

要するに，「明確な定義や明確な表現が欠けている」ことを表すわけである。したがって，何かについて漠然とぼかして表現するような場合に vague が用いられることになる。それに対して，ambiguous は，元来，「2つの意味にとれる」ことを意味していたが，現在では，「2通りあるいはそれ以上の解釈が可能であるため，理解が困難である」ことを表す。

すると，(49a) は，テッドが何かに言及する際に，ある明確な語を避けて別の表現をぼかして使ったような場面を想起させることになる。たとえば，「ごみ収集人」のことを a garbage collector と言うのを避けて a sanitarium engineer が使われたり，あるいは，「がん」に言及する際，cancer の代わりに long illness が使われるような場面が想像される。

　他方, (49b) は, テッドが2通りあるいはそれ以上の解釈が可能な言葉を使ったことを述べていることになる。たとえば, テッドは一語で二つ以上の意味を表す多義語を使ってその場をうまく逃れようとしたような場面を想像することができるであろう。

　以上のように, vague と ambiguous は意味が違うわけだが, vague は idea, notion, promise, recollection, impression などとよく結びつき, ambiguous は status, position, meaning, term, wording などとよく結びつく。

　また, The idea was both *vague* and *ambiguous*.（その考えは漠然としており且つ曖昧だった）のように両方の形容詞が同時に使用される場合もある。

　以上の形容詞の類義語には, obscure がある。この形容詞の第一義は,「よく知られておらず, 重要でない」で, 第二義は,「明確に表現されていない」あるいは「理解が困難な」である。つまり, 事柄が不明瞭であるため理解が困難なことを表すのに obscure が使われる。この語は, origin, reason, sense などとよく結びついて明確な定義づけが困難なことを言うのに使用される。例として, an *obscure* magazine（人に知られていない雑誌）, an *obscure* artist（無名の芸術家）を挙げておく。

39　valuable と invaluable の違い

次の (50) を見てみよう。

(50) a.　Jenny gave me **valuable** information on the matter.
　　 b.　Jenny gave me **invaluable** information on the matter.

(50a) と (50b) は，ともに「ジェニーが私にその件に関して有益な情報を提供してくれた」ことを述べている。しかし，(50a) に見られる valuable と (50b) に見られる invaluable とを比較すると，後者の invaluable のほうが強意的であるという違いが存在する。

以下で，valuable と invaluable についてもう少し詳しく見ていくことにしよう。

まず，valuable については，それに対応する日本語は「価値がある」「貴重な」などであるが，この語は，「金銭的に価値が高い」「高価な」ということを表す。たとえば，*valuable* antiques (高価な骨董品)，*valuable* ring (高価な指輪) がその例である。また，valuable は，「援助 (help)」「助言 (advice)」「情報 (information)」などが非常に有用であることを言うのにも用いられる。したがって，valuable は，何がしかの品物に関して用いられると金額にすると高価であるという意味となり，品物以外のモ

第 10 章　類義語関係にある形容詞に関して　　177

ノに関して用いられるとその有用性や効果などの点で価値が高いという意味となる。

　一方，invaluable は extremely useful（極めて有用な，大変有益な）を意味し，すでに上で述べたように，単に valuable というよりも強い意味合いがある。また，この形容詞は，もっぱら品物以外の何かの質などに関して極めて有用であることを述べるのに用いられるところが valuable との違いということになる。

　valuable と invaluable のいずれもが共通して結びつく語には，上で述べた語以外に suggestion, asset, time, experience などがある。また，叙述的に，My time is *valuable* to me. や His advice was *invaluable* to me. のように用いられる。

　これらの類義語には，precious と priceless がある。precious は，「稀少である，あるいは，代わりのものがないがゆえに非常に貴重である，計り知れない価値がある」ことを表す。*precious* metals（貴金属），a *precious* jewel（高価な宝石），a *precious* friendship（貴重な友情）などがその使用例である。

　他方，priceless は，invaluable と同様におおげさな感じを表し，valuable よりも意味が強く，本来は金銭に換算できるはずのものを修飾する。たとえば，*priceless* jewels（貴重な宝石），a *priceless* asset（値のつけられないほど貴重な資産価値のあるもの，とても有益な利点），The picture seems *priceless*.（その絵は値段のつけようのないほどの貴重なものに見える）のように priceless は使われる。

40　wide と broad の違い

次の (51) を見てみよう。

(51) a.　Jane was walking along the **wide** road with her friends.
　　b.　Jane was walking along the **broad** road with her friends.

しばしば wide と broad は交換可能で同じ意味で用いられることはよく知られている。しかし，ここでは可能な限り両者の違いに迫ることにしよう。

wide は，「モノの端と端の間を隔てる距離・長さが大きい」「幅が広い」ということを示すのに使用される。つまり，あるモノの両端の開き・間隔に重点が置かれる場合に wide が使われるということである。

一方，broad は，「モノの両端の間の"平面的"な広がりが大きい」というのが原義で，「何にもさえぎられることのない広々とした広さを有する」がその中核的な意味である。したがって，broad はあるモノの両端の間の平面的な広がりに重点が置かれているところに特徴があると言えよう。

このように，wide と broad の違いは非常に微妙であるが，(51a) の the wide road は「幅の広い道路」を意味し，他方 (51b)

の the broad road は「遮るモノがなく見晴らしのよい広々とした道路」を意味するとしてよいであろう。

それでは，次のペアの文についてはどうであろうか。

(52) a. John made a **wide** comment on the matter.
    b. John made a **broad** comment on the matter.
(53) a. There's going to be a **wide** discussion on this.
    b. There's going to be a **broad** discussion on this.

(52a) のa wide comment は「多くの詳細な点を含めた意見」を意味し，(52b) のa broad comment は「おおざっぱな意見」を意味する。したがって，(52a) は「ジョンはその件に関して多くの詳細な点を含めた意見を述べた」ことを述べており，一方 (52b) は，「ジョンはその件に関しておおざっぱな意見を述べた」ことを述べていることになる。

また，(53a) と (53b) に関して，(53a) は「このことに関してさまざまな問題あるいは話題がこれから討議されることになる」ことを述べているが，(53b) は「このことに関して細かいことは抜きにした大まかな討議がこれからされることになる」ことを述べている。このように，wide と broad の間にニュアンスの違いが感じられる例も多々見受けられる。

最後に，wide と broad が同じ文の中で用いられている例を1つ挙げておく。

A *broad* mind changes the way you think and act in a *wide* range of circumstances.

(広い心はさまざまな状況においてあなたの考え方やふるまい方を変化させる)

第11章

形容詞を中心とする構文と用法

1 to 不定詞の意味上の主語 for/of 〜 の違い

次の (1) を見てみよう。

(1) a. It was **cruel for Paul** to kick the dog hard.
b. It was **cruel of Paul** to kick the dog hard.

(1a) に対して，to 以下の行為を行った人物が Paul であるとする解釈と，Paul が犬を蹴った当事者ではないとする解釈のいずれも可能である。Paul が to 以下の行為を行った人物ではないとする解釈の下では，たとえば，次のような状況を想定することができるであろう。つまり，Paul が，第三者が犬をひどく蹴る行為を目の当たりにして「残酷だ」と思ったような状況が可能性として考えられるというわけである。このように (1a) に対して2つの解釈の可能性があるわけであるが，for 以下の行為者は Paul であり，話し手が Paul が行った for 以下の内容を残酷だと思ったという解釈がまず優先的になされるものと思われる。

181

一方，(1b) は，まさに Paul が犬を蹴った当事者であるという解釈のみが成立する。つまり，Paul が to 以下の行為をなした時の Paul に対する話し手の判断が (1b) で述べられているというわけである。

形式上の (1a) と (1b) の違いは，(1a) が「It is +形容詞+ for +人+ to 不定詞」型であり，(1b) が「It is +形容詞+ of +人+ to 不定詞」型であるところであるが，後者の型は to 以下の行為を of の後にくる人物が行うという読みのみが許され，of 以下の内容は能動的な内容でなければならない。

したがって，たとえば，It was *cruel* for the survivors to be abandoned.（生存者たちが見捨てられるとは残酷なことだった）とは言えても，*It was cruel of the survivors to be abandoned. と言うことはできない。また，of の後にはもっぱら人物がくるので，人物以外のモノが of の後にくることは許されない。たとえば，It was *cruel* for pot smoking to be punished by death.（マリファナを吸って死刑になるとは残酷だった）と言えても，*It was cruel of pot smoking to be punished by death. とは言うことができない。

それでは，次のような類例についてはどうであろうか。

(2) a. It was **foolish for John** to do such a thing.
　　b. It was **foolish of John** to do such a thing.
　　c. **John was foolish** to do such a thing.

(2a) と (2b) は，上の (1a) や (1b) とともに，「it is + 形容詞 + for [of] + 人 + to- 不定詞」型の構文であるが，このような型の構文は客観性を帯びた表現であるとされる。

一方，(2c) のように John が主語になっている構文は，主観性を帯びた構文であるとされる。さらに，John が主語に立っている (2c) は，(2a) あるいは (2b) に比べ，John に対する非難の気持ちをより強く表明する構文とされる。

さらに (1a) (2a) と (1b) (2b) を比べると，for が用いられている (1a) (2a) では Paul や John という人物そのものが非難されているというよりもむしろ Paul や John の「行為」に対する非難の気持ちがそれぞれ表明されている。

それに対して，(1b) (2b) は，「人物」と「行為」の両方について cruel であるとか foolish であると述べている文だという。すると，非難の気持ちは，(2c) が一番強く，その次が (1b) (2b) で，その次が (1a) (2a) ということになろう。実際 (2c) のようなタイプの文は，主語に対する話し手の主観的な判断を強く述べるのに用いられるので，時として尊大な響きがするなどインパクトが強い理由で使用頻度は低いようである（第 10 章 24 節参照）。次の各例を見てみることにしよう。

(3) a. It was **kind** of you to give me a ride to the station.
　　b. ?You were **kind** to give me a ride to the station.

上の (3a, b) では，プラス評価を表す形容詞 kind が使用されて

いる。したがって，聞き手である you に対してその人の親切さを強く表明できるから一見すると，(3a) よりも (3b) を使ったほうが好ましいように見えるかもしれないが，(3b) のような表現は避けられる傾向にあるようである。(3b) のような文の代わりに，たとえば，You were so **kind** as to give me a ride to the station. あるいは You were **kind** enough to give me a ride to the station. のように，so ... as や enough を伴った表現が好んで選択されることになるであろう。なぜなら，これらの語句を伴った表現は丁寧な響きがするからである。実際，次のように，丁寧な依頼を表す表現の例が，ODE, LDOCE また OALD に記載されている。

(4) a. Would you be **kind** enough to repeat what you said?
　　b. Would you be **kind** enough to close the door, please?
　　c. Would you be so **kind** as to lock the door when you leave?

少なくとも kind の使用に関しては，以上のようなことが言えそうである。

では次のペアの文についてはどうであろうか。

(5) a. It is **dangerous** to play with matches.
　　b. Matches are **dangerous** to play with.

やはり，「It is + 形容詞 + to 不定詞」型である (5a) は，「マッチ

遊びをする」行為が危険であるとする話し手による客観的な判断が下されている文である。それに対して，たとえば，「マッチというものは危険であるからそれらで遊ぶようなことは止めなさい」と話し手が子どもに対して忠告しているような文が (5b) ということになろう。

さて，少しタイプが違うが，ついでに次のペアの文の違いについて見てみよう。

(6) a. It is **difficult** to work with Allan.
　　b. Allan is **difficult** to work with.

(6a) と (6b) は，ともに「アランと一緒に仕事をするのは困難である」ことを述べているが，次の点で両者は異なる。

(6a) は，必ずしも仕事の困難さの理由をアランの性格のせいであるとはせず，たとえば，お互いのスケジュールが合わないといった何か外的な理由で「一緒に仕事をするのが困難である」という感じで使用可能である。

一方 (6b) は，話し手の性格と Allan の性格が合わないという理由を背景に，「アランとは一緒に仕事がしにくい」と言っている文である。

今度は，lucky を含む次のペアを観察してみよう。

(7) a. It was **lucky** that she met him there.
　　b. She was **lucky** to meet him there.

(7a) と (7b) の違いは，(7b) では，幸運であった人物は明らかに she であるが，(7a) では，幸運であったのは，話し手であるところである。したがって，もし she にとって幸運であったことを表現する場合は，

(8) It was **lucky** for her to meet him there.

のように to 以下の行為の主体を明示するための for を用いて for her ... としなければならない。

2 形容詞の限定用法と叙述用法の違い

　形容詞の用法には限定用法と叙述用法の2種類がある。限定用法では，通例は，形容詞は名詞の前に置かれ，直接，名詞を修飾する。限定用法の形容詞は，名詞の恒常的な性質・特性を示す。一方，叙述用法では，形容詞は，述部の一部として，be 動詞などのあとに置かれ，間接的に名詞と結びつく。この用法の形容詞は，名詞の一時的な状態を表すことが多い。

　次の各ペアの文の意味について確認しておくことにしよう。

(9) a. That is a **sure** way of saving money.

　　b. I am **sure** that he will pass the exam.

(10) a. A **certain** doctor of my acquaintance said so.

b. It is **certain** that she will be promoted.
(11) a. **Ill** news runs fast.
  b. He is seriously **ill**.
(12) a. They were **present** at the meeting.
  b. All the **present** members were at the meeting.

(9a) の sure は「確実な」を意味する。したがって，(9a) は「これはお金を貯める確実な方法だ」を意味する。一方，(9b) の sure は「確信して」を意味する。したがって，(9b) は「彼がその試験に合格すると確信している」を意味する。

(10a) の certain は，「(それとはっきりさせずに) ある」を，また (10b) の certain は，「確信して」をそれぞれ意味する。よって (10a) は「私の知り合いのある医者がそう言った」を，また (10b) は，「彼女が昇進すると確信している」を意味する。

(11a) の ill は，「悪い」を，また (11b) の ill は，「病気で」を意味する。したがって，(11a) は「悪事千里を走る」を，また，(11b) は「彼は重病だ」を意味することになる。

(12a) の present は「出席している」を，また (12b) の present は「現在の」をそれぞれ意味する。ゆえに，(12a) は「彼らはその会議に出席していた」を，また (12b) は「現在のメンバー全員がその会議に出ていた」を意味する。

以上のように，同じ形容詞であっても，限定用法と叙述用法とでは意味が違うことを見た。

第12章

副詞とその周辺

1 文頭と文末の happily の違い

次の (1) を見てみよう。

(1) a. **Happily**, John died.
　　b. John died **happily**.

(1a) は「幸せなことに,ジョンは死んだ」を意味し,(1b) は「ジョンは幸せな死に方をした」を意味する。

(1b) に見られる happily は,動詞(句)修飾の副詞で,このタイプの副詞（様態の副詞 (adverb of manner)）は,動詞の後に付加され動詞が表す動作・変化・状態を修飾する。

一方,(1a) に見られる happily は文修飾の副詞で,このタイプの副詞は,文頭に置かれ,カンマを伴って文全体を修飾する。このように同じ副詞でも置かれる位置によって用法が変わるわけであり,ゆえに用法によって文の意味に違いが認められるわけである。文修飾の副詞は,よく文頭に置かれるが,時として,文末

に配置されることもあり，(1a) と同じ意味で John died, happily. とすることも可能である。

次のペアの文についてはどうであろうか。

(2) a. **Unbelievably**, Sally vanished into thin air.
　　b. Sally vanished into thin air **unbelievably**.

(2a) は「信じられないことに，サリーはあとかたもなく姿を消してしまった」を，また，(2b) は「サリーは信じられないような姿の消し方をした」を意味する。ここでも，(2a) の happily は文修飾の副詞であり，(2b) の happily は動詞(句)修飾の副詞ということになる。

さらに，次のペアについて見ておくことにしよう。

(3) a. I **honestly** don't know why she said so.
　　b. I, **honestly**, don't know why she said so.

(3a) の honestly は，「本当に」を意味する程度の副詞で，「私は，本当になぜ彼女がそう言ったのか知りません」を意味する。それに対して，(3b) の honestly は，「正直に言って」を意味する発話様態の文副詞で，「正直に言って，私はなぜ彼女がそう言ったのか知りません」を意味する。(3b) に見られるように，honestly が発話様態の文副詞であることを明確にするためにカンマが必要である。このように，カンマの有無が意味の違いにつながるのである。

2　slow と slowly の違い

次の (4) を見てみよう。

(4) a.　The ship appeared **slow**.
　 b.　The ship appeared **slowly**.

(4a) は「その船は遅いように思われた」を意味し，(4b) は「その船はゆっくりと姿を見せた」を意味する。つまり，slow はスピードが遅いことを表し，slowly は船が現れる様子がゆっくりであったことが述べられている。

では，次のペアの文に関してはどうであろうか。

(5) a.　The clock ran **slow**.
　 b.　The clock ran **slowly**.

(5a) は「その時計は遅れていた」ことを意味するが，その一方，(5b) は「その時計はゆっくりと動いていた」ことを意味する。「時計が遅れている」は The clock is running slow であるのに対して，「時計が進んでいる」は The clock is running fast で表現される。

以上のように，slow と slowly との間に意味が違う場合があるわけだが，たとえば，drive slow と drive slowly はいずれも「徐行する」を意味し，特に両者に違いが認められない場合もある。

そのほかの場合を確認しておこう。

(6) a. The students looked **eager**.

b. The students looked **eagerly**.

(6a) は「その学生たちは熱心そうに見えた」ことを，(6b) は「その学生たちは熱心に見ていた」ことを述べている。

(7) a. I wish I could travel **free** all around the world.

b. I wish I could travel **freely** all around the world.

(7a) は「ただで［無料で］世界中を旅行できればいいのだが」を意味し，(7b) は「誰にもじゃまされずに世界中を旅行できたらいいのだが」を意味する。

3　文頭と文末の curiously の違い

次の (8) を見てみよう。

(8) a. **Curiously**, she was looking at me.
（不思議なことに，妙なことに）

b. She was looking at me **curiously**.
（物珍しそうに）

1 節で見たように，同じ副詞でも文頭に置かれる場合と文末に置

かれる場合とで意味が変わる場合があるが，curiously もそのような副詞で，文頭に置かれると文全体を修飾する働きをし，文末に置かれると，動詞（句）を修飾する様態を表す副詞としての働きをする。つまり，前者の場合は evaluative adverb（評価を表す副詞）として，また後者の場合は adverb of manner（様態の副詞）として機能するわけである。

したがって，(8a) は「不思議なことに，彼女は私を見ていた」を意味し，(8b) は「彼女は私を物珍しそうに見ていた」を意味することになる。このような副詞には，curiously のほかに，amazingly, fortunately, incredibly, oddly, sadly, surprisingly, unbelievably などがある。

次に，clearly と seriously について見ることにしよう。

(9) a. **Clearly**, it is difficult to explain the complex matter.
   b. It is difficult to explain the complex matter **clearly**.
(10) a. **Seriously**, you have to set to work.
   b. You have to set to work **seriously**.

(9a) は「明らかに，その複雑なことを説明するのは困難である」を意味するが，(9b) は「その複雑なことを分かりやすく説明するのは困難である」を意味する。文頭の clearly は「明らかに」「疑いなく」を意味する文修飾の副詞，また，文末の clearly は「分かりやすく」を意味する動詞句修飾の副詞である。

同様に，(10a) の文頭にある seriously は，「まじめな話とし

て」「冗談は抜きにして」を意味する文修飾の副詞で，(10b) の文末にある seriously は，「真剣に」「まじめに」を意味する動詞句修飾の副詞である。したがって，(10a) は「冗談は抜きにして，あなたは仕事にとりかからなければならない」を意味し，その一方，(10b) は「あなたは真剣に仕事にとりかからなければならない」を意味する。

4 fairly と rather の違い

次の (11) を見てみよう。

(11) a. The math exam was **fairly** easy.
   b. The math exam was **rather** easy.

(11a) では fairly が，また (11b) では rather が使われており，両者の意味の違いは，もちろん fairly と rather の意味の違いということになる。

多くの場合において，fairly は好ましい気持ちの表明に，それに対して，rather は好ましくない気持ちを表明するのに用いられる。したがって，(11a) と (11b) はともに「その数学の試験はかなり簡単だった」ことを述べてはいるのであるが，(11a) は，話し手が試験を簡単だったのできっといい点がとれると思っているような場合にふさわしく，一方，(11b) は，話し手が試

験を簡単すぎて物足らなかったと思っていて試験に対する不満を述べるのに適切であるということになる。

では,次のペアの文の違いについて考えることにしよう。

(12) a. A: How's your tea?
    B: Well, it's **fairly** hot.
   b. A: How's your tea?
    B: Well, it's **rather** hot.

fairly hot が用いられている (12a) は,「いい具合にお茶が熱い」ことを表しているが,それに対して,rather hot が用いられている (12b) は,「お茶が熱過ぎる」ことを表している。

上で見たように,確かに rather は好ましくない気持ちの表明に使われることが多いのだが,時として,good, well, amusing, interesting などのプラス評価の形容詞とともに好ましい気持ちを表明する場合もあり,その場合は rather に強勢が置かれてその程度が驚くほどであることを暗示する。たとえば,The movie was actually **rather** amusing. は,予想に反して映画がかなりおもしろかったことを述べている文である。

また,「かなり」の意味の程度を表す副詞の意味の強さは,次のように右へ行くほどその程度が増す:fairly ＜ quite ＜ rather, pretty ＜ very。そうすると,It's a good idea. にこれらの副詞を付加すると,

It's a *fairly* good idea.（まずまずよい）＜ It's *quite* a good idea.（なかなか素晴らしい）＜ It's *rather* a good idea. / It's a *pretty* good idea.（かなりいい）＜ It's a *very* good idea.（非常にいい）

という感じになるであろう。

5　perhaps と probably の違い

次の (13) を見てみよう。

(13) a. **Perhaps** Sue will come to the party tonight.
　　 b. **Probably** Sue will come to the party tonight.

(13a) と (13b) の違いは微妙で, (13a) を日本語に訳してみると「もしかすると, スーは今夜パーティーに来るかもしれない」, といった感じになるのに対して, (13b) は「まず間違いなく, スーは今夜パーティーにやって来る」といった感じになるものと思われる。

　英語には,「蓋然性」, つまりある事が実際に起こるか否かの確実性の度合いを言い表す表現が豊富であり, perhaps と probably 以外に, maybe, possibly, likely, certainly, presumably などたくさんの副詞が存在する。ここでは, すべての蓋然性を表

す副詞を見る余裕はないが，日常的に頻度が高いと思われる副詞について簡単にポイントだけ見ておくことにしよう。

上の日本語訳からある程度推測できると思われるが，perhapsは，話し手の確信度はざっくりとだいたい 30% 以上で，probably は，90% 以上という感じになる。また，話し手の確信度が 30% 以下の副詞は，possibly で，35%〜50% が maybe，そして 65% 以上が likely とされている。そうすると，確信度の低い副詞から順に並べてみると，possibly < perhaps < maybe < likely < probably というふうになる。このように確信度を表す副詞の意味の強さを覚えておくと便利であろう。

以上のことに基づき，次のように「今夜スーがパーティーにやってくる」と思っている話し手の確信度を低いものから高いものへと並べると次のようになる。

(14) a. **Possibly** Sue will come to the party tonight.
   b. **Perhaps** Sue will come to the party tonight.
   c. **Maybe** Sue will come to the party tonight.
   d. Sue will **likely** come to the party tonight.
   e. **Probably** Sue will come to the party tonight.

ちなみに，possibly は，What could *possibly* go wrong? や He might *possibly* succeed. のように，could と might と，probably は，You should *probably* know about it. のように，should と，また，certainly は，She will *certainly* not come here. や I must *certainly* introduce him to you. のように, will や must とよく一緒に用いられることを付記しておく。

6　as good as と almost の違い

次の (15) を見てみよう。

(15) a.　He is **as good as** dead.
　　 b.　He is **almost** dead.

as good as は,「(実質上) ～も同然で」「(事実上) ～も同様」を意味する慣用表現で, (15a) は「彼は死んだも同然だ」を意味する。他方, (15b) の almost は,「ほとんど」「おおかた」を意味し, 近接の度合いが高いことを表す副詞であるから, (15b) は「彼はほとんど死にかけている」を意味する。

as good as を用いた表現をいくつか見ておくことにしよう。

The clothes is *as good as* new.
(その服は新品同然だ)

A nod is *as good as* a wink.
(何も言わなくても分かるものだ, ツーと言えばカーだ)

The job is *as good as* finished.
(その仕事は終わったも同然だ)

また，ことわざに A miss is as good as a mile. というのがあり，「少しのはずれも1マイルのはずれも同じこと」，すなわち，「1点差で負けても負けは負けであり，小さな失敗も大きな失敗も失敗は失敗」ということを言うのにこのことわざが使われることがある。as good as は「～と同等に良い」が元来の意味であり，何ら優劣を含意する表現ではないという点が重要である。

as good as X に関しては，実質上 X の状態に至っていることを表す。しかし，それに対して，almost X は，X の状態には至っていないことを表す。このように，as good as と almost は意味的にも統語的にも違いが認められるわけである。したがって，たとえば，Jim *as good as* told me he would give me a job. は，「ジムは私に仕事をくれると言ってくれたも同然だ」を意味するが，Jim *almost* told me he would give me a job. は，「ジムもう少しのところで私に仕事をくれると言ってくれるところだった」を意味するので，tell するという行為を Jim は行わなかったことを述べていることになる。

以上のことから，次のペアの文の違いも最早明らかであろう。

(16) a. She **as good as** promised it.
　　 b. She **almost** promised it.

(16a) は「彼女はそれを約束したも同然だった」を，(16b) は「彼女はもう少しでそれを約束するところだった」をそれぞれ意味する。

7 yet と still の違い

次の (17) を見てみよう。

(17) a. Haven't you finished your homework **yet**?
　　 b. Have you **still** not finished your homework?

(17a) と (17b) はいずれも「まだ宿題をしていないのか」を意味するわけだが, (17a) のように yet が否定疑問文の中で使われると, 相手に対する非難, イライラ, あるいは驚きを表すことになる。そして, (17b) のように still が使われると, yet よりもはるかに大きな話し手側のイライラや驚きが表現される。

また, 気を付けなければならないのは語順で, たとえば, *Haven't you still finished your homework? と言うことはできない。あくまでも, (17b) のように言わなければならないのである。さらに, (17a) と (17b) をひとつながりのものと考えることができる。たとえば, (17a) は母親が息子に何かの用事で午前中に家を出る前に言ったセリフと考えることができる。そして, 母親が午後に帰宅した時に息子がまだ宿題を終えていないことを知って言ったのが (17b) と考えることができる。

このように, 否定疑問文の中で still が使われるとイライラ, 驚き, 意外性などが伝達されることになるというわけである。(17b) タイプの例文を追加しておく。

Have you *still* not cleaned your room?

(まだ部屋を掃除していないのか)

Has he *still* not finished the job?

(彼はまだその仕事を終えていないのか)

次のペアの文についてはどうであろうか。

(18) a. Kelly hasn't paid the rent **yet**.
　　 b. Kelly **still** hasn't paid the rent.

(18a) と (18b) はともに「ケリーはまだ家賃を払っていない」ことを述べているが, (18a) は, ケリーが家賃を払うことが依然として期待されていることを暗示する。一方, (18b) は, 「すでにケリーは家賃を支払っていて当然なのにまだ支払っていない」という事実に対するイライラ, 驚き, 心配などの言語外の気持ちを伝える文である。

8　already と yet の違い

次の (19) を見てみよう。

(19) a. Have you met Tom **already**?
　　 b. Have you met Tom **yet**?

「まだ〜していないだろう」という予測に反して「もうそれを現実にしてしまっている」ことを言う場合に already が用いられるから，already は，日本語の「もう」「すでに」に対応することになる。I have **already** met Tom. あるいは I have met Tom **already**. を例にとると，「（まだトムには会っていないと思っているかもしれないが）もうすでにトムには会っている」ことを意味する。

一方，「もう当然〜しているだろう」という予測に反して「まだ〜していない」という内容に言及するのに yet が用いられる。したがって，I haven't met Tom **yet**. は，「（もうすでにトムに会っていると思っているかもしれないが）まだトムには会っていない」を意味する。

以上が already と yet の基本的な違いということになるのだが，上の (19a) と (19b) のように，already と yet が疑問文の中で用いられるとどのような意味をそれぞれが表すのだろうか。(19a) のように疑問文の中で already が使われると，話し手の意外に思う気持ち，あるいは驚きが含意される。それに対して，(19b) には (19a) に見られるような意味は含意されない。(19b) は，「もうトムには会っているのですか」と尋ねているのだが，「もうトムに会っていても当然だと思うのだけれど，まだ会っていないのですか」という気持ちが伝わってくる文である。

次に，否定疑問文にそれぞれの副詞が現れている場合について見てみることにしよう。

(20) a. Haven't you met Tom **already**?
b. Haven't you met Tom **yet**?

(20a) に見られるように，否定疑問文の中で already が用いられている場合というのは，肯定の答えが期待されている場合である。また，(20b) のように否定疑問文の中で yet が用いられる場合は，通例，否定の答えが期待されている場合である。

以上のように，already と yet に違いがあることが確認できる。

9　文中と文末の carelessly の違い

次の (21) を見てみよう。

(21) a. George **carelessly** opened the window.
b. George opened the window **carelessly**.

carelessly のような副詞は，様態を表す場合は文末に置かれるが，意味上，主語にかかる場合は文頭あるいは文中に置かれる。つまり，様態の副詞として機能する場合，それは文中の動詞句を修飾することになる。そして，主語にかかる場合は主語指向の副詞ということになる。

したがって，(21a) は，「ジョージはうっかり［不注意にも］窓を開けた」を意味するが，この場合 carelessly は，主語である

Georgeが不注意であったとする話し手の評価を表明するのに用いられている。それに対して、(21b)は「ジョージはぞんざいなやり方で窓を開けた」を意味する。

実際、(21a)のようにcarelesslyが文中にある例に加えて、carelesslyが文頭に置かれている **Carelessly**, George opened the window. においてもそれは主語にかかるので、(21a)に対する解釈と同じ解釈がこの文に対しても成立する。

また、carelesslyが様態の副詞であるかどうかを判定する方法として、How did George open the window? を用いるやり方がある。もしこの疑問文の答えとしてcarelesslyを含む文が適格文であると判断できれば、そのcarelesslyは様態の副詞であると判断できる。すると、この疑問文に対する答えとして、(21b)は適切な文であることから、(21b)に見られるcarelesslyは様態の副詞であると判定することができる。一方、この疑問文に対して(21a)が不適切な文であることから、(21a)に見られるcarelesslyは様態の副詞ではないと判定することができる。

また、carelesslyと同じように振る舞う副詞にはcleverlyがある。この副詞を含む次のペアの文に関してはどうであろうか。

(22) a. Paul **cleverly** did not answer the question.
　　 b. Paul did not answer the question **cleverly**.

(22a)は「ポールは賢明にもその質問に答えなかった」を意味する。それに対して、(22b)は「ポールはその質問に答えたが

その答え方は賢明ではなかった」ことを意味する。

なお，carelessly や cleverly と同類の副詞には，carefully, cunningly, foolishly, prudently, (un)reasonably, shrewdly, (un)wisely などがある。

以上の要点をまとめてみると，これらの副詞は，文頭・文中で使用される場合は文主語に関する話し手の評価が表明され，文末で使用される場合には行為・動作の様態が述べられるということになる。

この節の最後に，次のペアの文について見ることにしよう。

(23) a. Mike **angrily** shouted at her.
　　 b. Mike shouted at her **angrily**.
(24) a. Joe **hungrily** opened the refrigerator.
　　 b. Joe opend the refrigerator **hungrily**.

(23a, b) の angrily は，心理状態を表す副詞である。他方，(24a, b) の hungrily は，生理状態を表す副詞である。(23a) と (24a) に関してであるが，副詞が動詞の前に置かれているのが観察される。このような場合，(23a) では文主語の内的な心理状態（angry）が，一方 (24a) では文主語の生理状態（hungry）が表現されている。このことから，(23a) は「マイクは腹が立ったので彼女をどなった」という解釈が可能となる。また，(24a) に対しては，「ジョーがお腹をすかせていたので冷蔵庫の戸を開けた」という解釈が可能となる。このように，文主語の内的な状態が原因でそ

れに続く動詞句が表す動作が引き起こされたとする解釈が成り立つとされる。しかし,次のように angrily と hungrily が文末に置かれると,やはり動作の様態を表す副詞としてのみ機能することになる。

(25) a. Mike shouted at her **angrily**.
   b. Joe opend the refrigerator **hungrily**.

したがって,(25a) は「マイクは怒って彼女をどなった」を,また,(25b) は「ジョーはひもじそうに冷蔵庫の戸を開けた」を意味することになる。

練習問題

1. 次の (a) と (b) の違いについて説明しなさい。
  (a) The car appeared slow.
  (b) The car appeared slowly.

2. 次の (a) と (b) の違いについて説明しなさい。
  (a) Possibly he will pass the exam.
  (b) Probably he will pass the exam.

3. 次の (a) と (b) の違いについて説明しなさい。
  (a) It is certain that he will come to the party.
  (b) I'm certain that he will come to the party.

4. 次の (a) と (b) の違いについて説明しなさい。
  (a) It was foolish of Bob to say that.
  (b) Bob was foolish to say that.

練習問題 207

5. 次の (a) と (b) の違いについて説明しなさい。

(a) His late father was a novelist.

(b) He was half an hour late for work.

6. 次の (a) と (b) の違いについて説明しなさい。

(a) I like hot coffee.

(b) I like my coffee hot.

7. 次の (a) と (b) の違いについて説明しなさい。

(a) Mary foolishly left the important papers in the train.

(b) Mary behabved foolishly at the party.

8. 次の (a) と (b) の違いについて説明しなさい。

(a) He jumped up high, then turned a somersault.

(b) He was highly praised for his courage.

9. 次の (a) と (b) の違いについて説明しなさい。

(a) Strangely. John was smiling.

(b) John was smiling strangely.

10. 次の (a) と (b) の違いについて説明しなさい。

(a) Honestly, he doesn't work.

(b) He doesn't work honestly.

11. 次の (a) と (b) の違いについて説明しなさい。

(a) This is a fairly good textbook.

(b) This is a rather good textbook.

12. 次の (a) と (b) の違いについて説明しなさい。

(a) He as good as told Mary he didn't want to invite her.

(b) He almost told Mary he didn't want to invite her.

参 考 文 献

辞書・コーパス

『エースクラウン英和辞典』2012. 東京：三省堂.
『アドバンスト・フェイバリット英和辞典』2002. 東京：東京書籍.
『アンカーコズミカ英和辞典』2008. 東京：学習研究社.
『ジーニアス英和大辞典』2001. 東京：大修館書店.
『ジーニアス英和辞典』第4版. 2006. 東京：大修館書店.
『ライトハウス英和辞典』第6版. 2012. 東京：研究社.
Longman Dictionary of Contemporary English. 5th ed. 2009. Harlow, Essex: Pearson Education Ltd. (LDOCE5)
Longman Essential Activator. 2nd ed. 2006. Harlow, Essex: Pearson Education Ltd.
Oxford Advanced Learner's Dictionary of Current English. 8th ed. 2010. Oxford: Oxford University Press. (OALD8)
Oxford Learner's Thesaurus: A Dictionary of Synonyms. 2008. Oxford: Oxford University Press.
『オーレックス英和辞典』2008. 東京：旺文社.
『ルミナス英和辞典』第2版. 2005. 東京：研究社.
『新英和中辞典』第7版. 2012. 東京：研究社.
『スーパー・アンカー英和辞典』第4版. 2011. 東京：学研教育出版.
The Merriam-Webster Dictionary of Synonyms and Antonyms. 1992. Merriam-Webster Inc.
『ユースプログレッシブ英和辞典』2004. 東京：小学館.

『ウィズダム英和辞典』第 3 版. 2013. 東京：三省堂.
Global Web-Based English (GloWbE)
The Corpus of Contemporary American English. (COCA)
British National Corpus (BYU-BNC)

著書・論文

Abbot, B. 1993. "Pragmatic Account of the Definiteness Effect in Existential Sentences." *Journal of Pragmatics* 19, 39–55.

Ariel, M. 1990. *Accessing Noun Phrase Antecedents*. London: Routledge.

安藤貞雄. 2005. 『現代英文法講義』東京：開拓社.

Birner, B. J. and G. Ward, eds. 2006. *Drawing the Boundary of Meaning: Neo-Gricean Studies in Pragmatics and Semantics in Honor of Laurence R. Horn*. Amsterdam: John Benjamins.

Bolinger, D. 1977. *Meaning and Form*. London: Longman.

Bolinger, D. 1980. "Syntactic Diffusion and the Indefinite Article." reproduced by the Indiana University Linguistics Club.

Close, R. A. 1975. *A Reference Grammar for Students of English*. London: Longman.

デ・シェン・ブレント. 1997. 『英文法の再発見』東京：研究社出版.

Dixon, R. M. W. 2005. *A Semantic Approach to English Grammar*. 2nd ed. Oxford: Oxford University Press.

Enç, M. 1991, "The Semantics of Specificity." *Linguistic Inquiry* 22, 1–25.

Hewings, M. 2005. *Advanced Grammar in Use*. 2nd ed. Cambridge: Cambridge University Press.

Huddleston, R. and G. Pullum. 2002. *The Cambridge Grammar*

of the English Language. Cambridge: Cambridge University Press.

石田秀雄. 2002.『わかりやすい英語冠詞講義』東京：大修館書店.

池内正幸. 1985.『名詞句の限定表現』(新英文法選書 6) 東京：大修館書店.

影山太郎（編）．2009.『日英対照　形容詞・副詞の意味と構文』東京：大修館書店.

金口儀明. 1968.『主題と陳述（上）』(英語の語法 表現編 第 7 巻) 東京：研究社出版.

小稲義男. 1958.『冠詞・形容詞・副詞』(現代英文法講座 2) 東京：研究社出版.

Langacker, R. W. 1991. *Foundations of Cognitive Grammar*, vol 2: *Descriptive Application*. Stanford: Stanford University Press.

Lee, D. 2001. *Cognitive Linguistics: An Introduction*. Melbourne: Oxford University Press.

Leech, G. and J. Svartvik. 1975. *A Communicative Grammar of English*. London: Longman.

Lumsden, M. 1988. *Existential Sentences*. London: Croom Helm.

Lyons, C. 1999. *Definiteness*. Cambridge: Cambridge University Press.

McCawley, J. D. 1981. "The Syntax and Semantics of English Relative Clauses." *Lingua* 53, 99–149.

Milsark, G. L. 1977. "Toward an Explanation of Certain Peculiarities of the Existential Construction in English." *Linguistic Analysis* 3, 1–29.

ミントン，T. D. 1999.『ここがおかしい日本人の英文法』東京：研究社出版.

大堀壽夫（編）．2004.『認知コミュニケーション論』(シリーズ認知言語学入門 第 6 巻) 東京：大修館書店.

織田　稔. 2002.『英語冠詞の世界』東京：研究社出版.

神崎高明. 1994.『日英語代名詞の研究』東京：研究社出版.

Postal, P. M. 1974. *On Raising: One Rule of English Grammar and Its Theoretical Implications*. Cambridge, Mass.: MIT Press.

Quirk, R., S. Greenbaum, G. Leech and J. Svartvik. 1985. *A Comprehensive Grammar of the English Language*. London: Longman.

Radden, G. and R. Dirven. 2007. *Cognitive English Grammar*. Amsterdam: John Benjamins.

Reuland, E and A. ter Meulen, eds. 1987. *The Representation of (In)definiteness*. Cambridge, Mass.: MIT Press.

斎藤武生・安井　泉. 1983.『名詞・代名詞』（講座・学校英文法の基礎 第2巻）東京：研究社出版.

斎藤武生・原口庄輔・鈴木英一. 1995.『英文法への誘い』（開拓社叢書2）東京：開拓社.

坂原　茂（編）. 2000.『認知言語学の発展』東京：ひつじ書房.

澤田治美（編）. 2012.『構文と意味』（ひつじ意味論講座　第2巻）東京：ひつじ書房.

正保富三. 1996.『英語の冠詞が分かる本』東京：研究社出版.

Stvan, L. S. 1993. "Activity Implicatures and Possessor Implicatures: What Are Locations When There Is No Article?" *CLS* 29, 419-433.

Szekely, R. 2009. "Existential Dependencies: Holes, Problems and Other Flaws in the Argument." *CLS* 45 (1), 567-575.

武田修一. 1998.『英語意味論の諸相』東京：リーベル出版.

田中　実. 1992.『英語シノニム比較事典』東京：研究社出版.

Thomson, A. and A. V. Martinet. 1986. *A Practical English Grammar*, 4th ed. Oxford: Oxford University Press.

辻　幸夫. 2003.『認知言語学への招待』（シリーズ認知言語学入門 第1巻）東京：大修館書店.

上野義和．1995.『英語の仕組み』東京：英潮社.

内田　恵・前田　満．2007.『語用論』（英語学入門講座　第11巻）東京：英潮社.

Ward, G. and B. Birner. 1995. "Definiteness and the English Existential." *Language* 71, 722–742.

綿貫陽・マークピーターセン．2006.『表現のための実践ロイヤル英文法』東京：旺文社.

Woisetschlaeger, E. 1983. "On the Question of Definiteness in 'an Old Man's Book'." *Linguistic Inquiry* 14, 137–154.

八木克正．1996.『ネイティブの直感にせまる語法研究──現代英語への記述的アプローチ』東京：研究社出版.

八木克正．1999.『英語の文法と語法──意味からのアプローチ』東京：研究社出版.

安井　稔・秋山　怜・中村　捷．1976.『形容詞』（現代の英文法7）東京：研究社出版.

安井　稔．2000.『英文法総覧──改訂版』東京：開拓社.

安武知子．2009.『コミュニケーションの英語学──話し手と聞き手の談話の世界』（開拓社　言語・文化選書13）東京：開拓社.

山川喜久男．1968.『主題と陳述（下）』（英語の語法　表現編　第8巻）東京：研究社出版.

吉川　洋・友繁義典．2008.『入門講座　英語の意味とニュアンス』東京：大修館書店.

Ziv, Y. and P. Cole. 1974. "Relative Extraposition and the Scope of Definite Descriptions in Hebrew and English." *CLS* 10, 772–786.

練習問題の解答例

第 I 部

1. (a) は,「あなたのためになる薬を飲むべきである」ことを述べているが, なにか特定の薬を飲むべきだと言っているわけではない。したがって, 漠然と聞き手にとってためになる薬を飲むようにアドバイスしている感じの文が (a) ということになる。他方, (b) では, 定冠詞を伴う the medicine が用いられているので, これは,「まさにあなたのためになる薬（だけ）を飲むべきだ」を意味するので, この文では medicine が限定されている。

2. (a) Kate greeted me with (ゼロ) warmth.
 (b) Kate greeted me with (a) warmth that was surprising.
 (c) Kate greeted me with (the) warmth that I was accustomed.

3. (a), (b), (c) はすべて「総称文」と解釈され,「ビーバー（という動物）はダムを作る」ことを意味するが, (a) の「a + 単数名詞」型は, 任意のビーバーを一匹選んでそれを代表として表現している。(a) は,「（どのビーバーを取り上げても）ダムを作りはビーバーという種全体に共通する特徴である」ことを述べている。したがって, a beaver は, any beaver に意味的に近いことになる。この「a + 単数名詞」タイプの型は, 口語的な響きがする。(b) の「the + 単数名詞」型は, 個々のビーバーを背景化し, 抽象性が高い一まとまりの統一体として表現されている。こ

のような表現は，「学問的」な表現であり，百科事典などで通常用いられる。また，(c) の「ゼロ冠詞＋複数名詞」型は，個々のビーバーの間に明確な区別がなされず漠然と種全体を表す。この型も「a＋名詞」型と同様「口語的」な表現であるが，話し言葉では，通例，この型が用いられる。

4. (a) では the dog が，また (b) では that dog が用いられているという違いが確認できるが，(b) の that dog は，話し手と聞き手が以前に話題にしていた特定の犬を示すのに対して，(a) の the dog は，話し手と聞き手の間で以前に話題にしている必要はない。つまり，多くの家庭で犬が飼われているというようなことは日常的によく見られるので，話し手の隣人が犬を飼っている状況は常識的に難なく推論できる。このような場合，the dog は，話し手と聞き手が共有する知識である必要はない。つまり (a) では，the dog の使用がいきなり許されているということになる。

5. (a) では，a few が，その一方 (b) では few が使われている点のみが，両者の違いである。話し手が，ジョンの所有する本の数に関して，肯定的に「少しはある」と考えている場合は，(a) のように a few を用い，否定的に「少ししかない」と考えている場合は，(b) のように few を用いる。したがって，本の数が同数であっても，話し手の見方次第で，いずれかの形が選択される。

6. (a) は，制限用法の関係詞節を含む文であり，(b) は非制限用法の関係詞節を含む例である。(a) は，「ジョンがある話をして大いにかれらを驚かせた」ことを言い表しており，which の先行詞は a story である。それに対して，(b) は，等位節構文の John told a story, and it greatly surprised them. と類似している。(b) に関しては，(a) と同様 which の先行詞を a story とす

る解釈が可能である。しかし，(b) にはもう1つの解釈が可能である。すなわち，which の先行詞を John told a story とする解釈であり，この場合，ジョンがある話をしたが，その話の内容ではなく，普段は決して人前で話を聞かせてみせるようなことがないジョンが話をしたという事実が彼らを驚かせたとするような読みが成立することになる。

7. (a) と (b) ともに「サムはいくつかの薬が不足していると思っている」という状況を描写している点では同じであるが，some drugs の特定性に関する解釈が異なる。つまり (a) は，some drugs に対して特定的な解釈と非特定的な解釈の両方を許すが，there 構文が埋め込まれている (b) では非特定的な解釈のみが適用されるという点で (a) と (b) は違うのである。

8. (a) と (b) の違いは，of があるかないかだけである。(a) では，話し手が，「アンのフランス語の話し方に感心した」ことが表現されており，他方，(b) では，「アンがフランス語を話した事実に感心した」ということが表現されている点で，微妙に両者は異なる。(a) の Ann's speaking of French は，名詞に近く名詞的動名詞として，また，(b) の Ann's speaking French は，動詞に近く動詞的動名詞と分析される。なぜなら，(a) の Ann's speaking of French には，たとえば，fluent のような形容詞を挿入して，Ann's fluent speaking of French のように表現できる。他方，(b) の Ann's speaking French には，副詞の fluently を加えて，Ann's speaking French fluently のように表現できる。このことから，同じ動名詞であっても，前者は名詞に近く，後者は動詞に近いということが確認できる。

9. (a) は，文字通り，「ジョンと彼の兄弟はどろぼうである」を意味するが，この文を比喩的に解釈することもできる。その場合

は,「ジョンとその兄弟がまるで盗人である」ような行為を行ったことを (a) は伝えることになるであろう。それに対して, (b) には, まさに二人は, プロのどろぼうであるという解釈のみが適用される。

10. (a) は, 単に「この実験室［研究室］には助手は必要とされていない」ことを述べているが, (b) は, 助手が一人必要だったが, 現時点では, すでに一人確保されており（助手以外なら話は別だが）, もう必要ないという含意をもつことになる。

11. (a) の there 構文における many に対しては, 弱数量詞としての解釈のみが成立する。したがって, この文は, 漠然と「部屋の中に多くの人がいる」ことを述べている。それに対して, (b) のようなはだか存在文における many に対しては, 強数量詞と弱数量詞のいずれの解釈も可能である。弱数量詞として many を解釈すると (a) と同じ内容を表す読みが成立するが, 強数量詞として many を解釈すると, many of the men と等価の読みが成立することになる。

12. (a) と (b) の違いは, a sick boy と a boy sick に対する解釈の違いということになるが, 形容詞 sick が前位修飾語となっている a sick boy は, 恒常的な状態を表すので「(ずっと) 病気の少年」の解釈が, 一方, 形容詞 sick が後位修飾語となっている a boy sick は, 一時的な状態を表すので「(一時的に) 気分が悪くなっている少年」の解釈が適用されることになる。

第 II 部

1. (a) は, 「その車は (スピードが) 遅いように思われた」を, 他方 (b) は, 「その車はゆっくりと姿を見せた」をそれぞれ意

味する。

2. (a) は，「もしかすると彼はその試験に合格するかもしれない」という気持ちを述べているが，他方，(b) は，「おおかたのところ彼はその試験に合格するだろう」という気持ちを述べている。話し手の確信度の程度は，(a) に比べて (b) のほうがはるかに高い。

3. (a) は，客観性を帯びた文で，誰にでも共通する心的な態度を表明しており，「(誰の目から見てもそう言えると思われるが) 彼がパーティーに来ることは確実だ」という感じを表す。一方，(b) は，主観性を帯びた文で，話し手の個人的な心的態度を表明しており，「(他の人はどのように判断しているか知らないが) 彼がパーティーに来ることは確実だ」という感じを表す。

4. (a) は (b) のいずれも，「そんなことを言うなんてボブは馬鹿だった」ことを意味するが，(a) は (b) に比べて当たりの柔らかい文であり，(b) は，Bob に対する非難を厳しく表明している。両者はほぼ同じ内容を表してはいるが，実際の場面では，当たりの柔らかさを表すという語用論的な理由で (a) の型が好まれて用いられる。

5. (a) は，「彼の亡くなった父親は小説家だった」を，他方，(b) は，「彼は仕事に半時間遅れた」をそれぞれ意味する。

6. (a) は，「私は (普段は) 熱いコーヒーが好きだ」を意味するが，(b) は，今から自分が飲むコーヒーについてどうかというと，「熱いのがいい」という感じを表す。

7. (a) は，「メアリーは愚かにも電車に重要書類を置き忘れてし

まった」ことを意味する。それに対して，(b) は，「メアリーはパーティーで愚かなふるまいをした」を意味する。(a) に意味的に対応する表現は，It was foolish of Mary to leave the important papers in the train. であり，(b) に意味的に対応する表現は，Mary behaved at the party in a foolish manner. となる。

8. (a) の high は「(位置が) 高く」を意味するので，全体的には「彼は高く飛び上がり，それからとんぼ返りした」を意味する。一方 (b) の highly は，比喩的用法のみで「(程度などが) 高く」を意味する。この文を訳してみると，「彼は勇敢なので非常にほめられた」ほどになる。

9. (a) の strangely は文修飾の副詞であるので，「不思議なことに」「奇妙なことに」を意味する。したがって，(a) は「不思議なことに，ジョンは微笑んでいた」を意味する。一方 (b) の strangely は，動詞(句)を修飾する副詞であるので，(b) は，「ジョンはおかしな微笑みを浮かべていた」ことを言い表す。

10. (a) の honestly は，文修飾の副詞なので，文全体の意味は「正直に言って，彼は仕事をしない」となる。それに対して，(b) の honestly は，動詞(句)を修飾する副詞なので，文全体の意味は，「彼はまじめに働かない」となる。

11. (a) では，fairly が用いられているが，この副詞は good や well のようなよい意味をもった形容詞や副詞の意味を弱める機能がある。したがって，(a) は，「これはまあまあよい教科書である」を意味する。それに対して，(b) では rather が用いられているが，この副詞は，形容詞や副詞などの意味を強める機能がある。したがって，(b) は，「これは相当によい教科書である」を意味する。

12. (a) は,「彼はメアリーに彼女を招待したくないと言ったも同然だ」を意味し,(b) は,「彼はもうちょっとでメアリーに彼女を招待したくないと言ってしまうところだった」を意味する。

索　引

1. 日本語はあいうえお順，英語は ABC 順に並べてある。
2. 数字はページ数字を示す。

日本語の事項・語句

［あ行］

曖昧［な］　175
新しい　144
新しい情報　82
アメリカ英語　131, 132
甘んじる　158, 159
ある　166, 167
意外性　199
イギリス英語　131, 132
一時的　73, 74
一時的な　172, 173
一番良い　105
一般常識的な知識　18, 19
イントネーション　60
うらやましい　138
永続的　73
横柄な　148, 149
大きい　127
驚き　199-201
思いがけない　170
おもしろい　135, 136

［か行］

蓋然性　195
外置　82-84
会話　25, 26
会話の原則　25, 26
確信度　196
可算名詞　34, 35
価値がある　176, 177
活動　16, 21, 22
金持ち　156
体にいい　130
関係詞節　82-86
冠詞　2-5, 8, 9, 14-16, 22, 25
含意　16, 21, 22, 30, 198
感謝　125, 126, 150
カンマ　71, 72, 84, 188, 189
関連性　25
聞き手　10, 11　17-22, 30, 49, 50, 54, 57, 82
季節　5
既知の情報　92
貴重な　176, 177
厳しい　162

221

奇妙な　168, 169
疑問文　49
客観性　183
客観的　57, 80, 81, 106, 140, 185
急な　170
強形のMANY　40, 41
強形のSOME　40
強勢　71
共通の話題　58
恐怖　102, 103
具体的　56
形容詞　70, 71, 73-75, 103, 104
形容詞化　3
厳格な　163
健康によい　128-130
限定的　122, 157
限定用法　119, 120, 133-135, 149, 186, 187
賢明な　160
高価な　117, 176, 177
好奇心　108, 109
恒久的　73
交通手段　24
肯定的　47, 48, 76
肯定文　49
傲慢な　148, 149
語順　69
個体（an individual entity）　3, 7, 14, 23, 28
個体性　6, 14, 32-34
個別化　26
個別的　45
固有名詞　11, 12
困難な　111, 112

[さ行]

最高の　104
残酷(な)　181, 182
指示詞　17, 18
静かな　150
事態　80, 81
湿気　110
嫉妬(心)　138
湿度　110
質量名詞　13, 32, 34
弱形のmany　40, 41
弱形のsome　40, 41
集合体　23, 35, 41, 89
集合名詞　88
主観性　183
主観的　80, 81, 106, 183
主語指向の副詞　202
主節　82, 83
出現　9
上位語　28
食事名　4, 5
「所有格＋名詞句」型の名詞句　63-68
叙述的　122, 157, 177
叙述用法　119, 120, 135, 149, 186, 187
新情報　91
新鮮な　144, 145
真の　152
推測　26, 33, 89
推論　18, 23, 85
数詞　44
数量詞　32, 34, 40, 48
数量詞と名詞　32

清潔　141, 142
制限用法　84, 86, 87
ゼロ冠詞　13, 20, 21, 24
前景化　28
詮索好き　108
詮索好きな　109
騒音のない　150
総称的(な)　29, 30, 38
総称文　27, 28
総称名詞句　27-31
聡明な　133
属性　2, 3
率直な　123
存在　9, 28
存在物　6, 7, 61

[た行]

代名詞　29, 89-91, 93
小さい[な]　139, 140
知性の　133
知的な　133
知能が高い　133
抽象名詞　8, 9
躊躇　154
つかの間の　172, 173
月　5
定冠詞　13, 17-20, 23-26, 53
定冠詞と名詞　13-19
丁重　146, 147
丁寧な　146
定名詞句　53
等位節構文　86
統語構造　54
透明読み　41

動詞(句)修飾の副詞　188, 189, 193
動詞的動名詞　67
動名詞　67, 68
特性　2, 3
特徴づけ　57, 58
特定的な解釈　41, 42, 51, 52
突然の　170

[な行]

中身がない　115
妬み　138
熱心な　114
熱烈な　114
能力　100
能力のある　101

[は行]

背景化　28
はかない　172, 173
漠然　174, 175
はだか複数名詞　27, 28, 42, 59, 60
はだか名詞　3-5, 13, 14
発生　9
発話様態の文副詞　189
話し手　10, 11, 17-22, 24, 28, 30, 45, 47-50, 54, 57, 80, 81, 92, 138, 166
非制限用法　84-87
必要性　142
必要である　142
否定疑問文　201, 202
否定的　47, 48, 76
非特定的な解釈　41-43, 51-53

非難　183, 199
非有界性　6
非有界的　7, 14, 33, 34
評価を表す副詞　192
病気（である）　131
広い　178, 180
敏感な　160, 161
不可欠である　143
副詞　67
不定冠詞　2, 4, 6-10, 20, 23, 24, 32, 53, 72
不定名詞句　53
不透明読み　41
不明瞭　175
プラス評価　183, 194
プロトタイプ　28
文修飾の副詞　188, 189, 192, 193
分別のある　160
包括性　26
包括的　46
誇り高い　148
本当の　151-153
本物の　152

[ま行]

満足　158, 159
未知の情報　92
難しい　111
名詞的動名詞　67
最も偉大な　104

[や行]

やせている　164, 165

唯一性　23
唯一的存在　13
有界性　6, 33
有界的　35
有能さ　100
有能な　101
裕福な　156, 157
雄弁な　121
有名である　119, 120
様態の副詞　188, 192, 202, 203
曜日　5

[ら行，わ行]

流暢な　121
良識のある　160
類　36, 37
礼儀正しい　145-147
話題　18, 57, 58

英語の語句

[A]
a ＋固有名詞　11, 12
able　100, 101
abrupt　170, 171
across the table (from me)　79, 80
actual　151-153
a few friends　47
affluent　157
afraid　102, 103
a kind of　77, 78
a little　48

索引 225

almost　197, 198
already　200-202
a man responsible　73
ambiguous　174, 175
amusing　136
angrily　204, 205
any book　50
any books　50
any questions　48, 49
any wine　49
anxious　114
a pink and (a) white flower　72
a pretty(,) intelligent girl　71, 72
a responsible man　73
arrogant　147-149
as good as　197, 198
a sort of　78
audience　88, 89

[B]
banana　7
be 動詞　9
best　104, 105
big　106, 107, 126-128
Bill's playing of the piano　67
Bill's playing the piano　67
Bill's play of the piano　67
bizarre　169
book　36
boundedness　6
broad　178-180

[C]
cake　34
calm　151

candid　122-124
capable　100, 101
captain　2, 3
carelessly　202-204
celebrated　119, 120
certain　166-168, 186, 187
certainly　195, 196
clearly　192
cleverly　203, 204
committee　88
competent　101
content　158, 159
costly　117, 118
courteous　145-147
cruel　181, 182
crumbs　24-26
cunningly　204
curious　107, 108, 169
curiously　191

[D]
damp　109, 110
dangerous　184
depth　9
difficult　111-113, 185
dinner　4

[E]
each student　45
eager　113, 114, 191
eagerly　191
egg　6
eloquent　121, 122
emaciated　165
empty　115-117

entertaining 136
enthusiastic 113, 114
entity 6, 7, 9, 23, 28, 33, 57, 59
envious 137, 138
essential 142, 143
every student 45
expensive 117, 118

[F]
fairly 193-195
family 88
famous 119, 120
fascinating 136
fearful 103
fence 18, 19
few friends 47
few of the students 44
fluent 121, 122
foolish 182, 183
foolishly 204
frank 122-124
free 191
freely 191
fresh 143-145
frightened 102, 103
funny 134-136, 169

[G]
generic 38
glib 122
gracious 147
grateful 124-126
great 126, 127
greatest 104, 105

[H]
happily 188, 189
hard 111-113
have 構文 57, 58
healthful 128-130
healthy 128-130
his and her car 64
his car and hers 64
his great last novel 69
his last great novel 69
his uncle's 65, 66
his uncle's house 65, 66
honestly 189
humid 109, 110
hungrily 204, 205

[I]
idea 35
ill 130-132, 187
indispensable 141, 142
infamous 119
inquisitive 107, 108
intellectual 132-134
intelligent 132-134
interesting 134, 135
invaluable 176, 177
it 89-94
it is + 形容詞 + for + 人 + to 不定詞 182, 183
it is + 形容詞 + of + 人 + to 不定詞 182, 183
it is + 形容詞 + to 不定詞 184

[J]
jealous 137, 138

John Searle　25
just　75, 76

[K]
Kate and Meg's friend　63
Kate's and Meg's friend　63
keen　114, 115
kind　183, 184

[L]
large　106, 107, 127, 128
last resort　22, 23
lawyers　41
lean　165
likely　195, 196
lion　27, 28
little　48, 139–141
lucky　185, 186

[M]
many　40, 41
many of the students　43
mass noun　32
maybe　195, 196
means　23, 24
mere　75, 76
middle-aged doctors　42, 43
moist　111
money　37, 38
most of the students　43, 44
Mr. Smith　10, 11
muggy　110

[N]
necessary　141, 142

neighbors　17
new　143, 144
no　94, 95
nosy　109
not　94, 95
noted　120
notorious　119

[O]
obscure　175
odd　169
of a kind　77
only　75, 76
open　124
outspoken　124

[P]
peculiar　168, 169
pencil　15
perhaps　195, 196
petrified　103
piano　14
pitcher　95
pitchers　94
polite　145–147
possibly　195, 196
potato　32, 33
present　187
presumably　195
pretty　194, 195
priceless　177
prison　20, 21
probably　195, 196
proud　147–149
prudently　204

[Q]
queer 169
quiet 149-151
quite 194

[R]
rather 193, 194
real 151-153
reluctant 153-155
remember herself locking the door 81
remember locking the door 81
reminder 54
renowned 119
rich 155-157

[S]
satisfied 158, 159
sea 15
sensible 159-161
sensitive 159-161
seriously 192
severe 162, 163
shrewdly 204
sick 130-132
silence 8
silent 149-151
skinny 165
slender 164, 165
slim 165
slow 190
slowly 190
small 139-141
some 39-41, 166, 167
some questions 48, 49
some wine 49
stern 163
still 151, 199, 200
strange 168, 169
strict 162, 163
students 39
sudden 170, 171
sugar 39
sun 13
sure 186, 187
SVC 型の文 55

[T]
talkative 122
taxi 36
temporary 173
terrified 103
thankful 124-126
that 89-93
the new white car 70
there 構文 8, 9, 51-62
the white new car 70, 71
thin 164, 165
this 93, 94
topic 57
town 22
transient 172, 173
transitory 172, 173
transparent reading 41

[U]
unbelievably 189
unboundedness 6
underweight 165
(un)reasonably 204

unspecific reading　41
unwilling　153-155
(un)wisely　204

[V]
vacant　115-117
vague　174, 175
valuable　176, 177
very　194, 195

[W]
warmth　10

we　29-31
wealthy　155, 156
weird　169
well-known　119, 120
well-off　157
which　85, 86
who　82-84, 87
wide　178-180

[Y]
yet　199-202
you　29-31

友繁義典（ともしげ　よしのり）

　関西学院大学大学院文学研究科博士後期課程単位取得修了。米国カリフォルニア州立大学バークレー校言語学科に客員研究員として留学。現在，兵庫県立大学教授。専門は英語学。学部において，英語および言語関係科目，また，大学院において英語の意味論・語用論に関する科目を担当。

　著書：『ユースプログレッシブ英和辞典』(共著，小学館，2004年)，『英語語法文法研究の新展開』(共著，英宝社，2005年)，『ネイティブの発想を知る　英語イディオム222』(共著，三修社，2006年，CD付き改訂版2010年)，『入門講座　英語の意味とニュアンス』(共著，大修館書店，2008年)，『ネイティブ表現養成講座』(単著，南雲堂，2011年)，『ネイティブ感覚に近づく英語のニュアンス』(単著，開拓社，2011年)，『21世紀英語研究の諸相──言語と文化からの視点』(共著，開拓社，2012年)，『英語動詞の分類と分析　意味論・語用論によるアプローチ』(共著，松柏社，2015年) など。

英語の意味を極めるI
──名詞・形容詞・副詞編──　〈一歩進める英語学習・研究ブックス〉

2016年11月7日　第1版第1刷発行

著作者　　友　繁　義　典
発行者　　武　村　哲　司
印刷所　　萩原印刷株式会社

発行所　　株式会社　開　拓　社
〒113-0023　東京都文京区向丘1-5-2
電話　(03) 5842-8900（代表）
振替　00160-8-39587
http://www.kaitakusha.co.jp

© 2016 Yoshinori Tomoshige　　　　ISBN978-4-7589-1201-3　C0382

JCOPY　＜(社)出版者著作権管理機構　委託出版物＞
本書の無断複写は著作権法上での例外を除き禁じられています。複写される場合は，そのつど事前に，(社)出版者著作権管理機構（電話03-3513-6969，FAX 03-3513-6979, e-mail: info@jcopy.or.jp）の許諾を得てください。